「リンゴの唄」の真実

戦後初めての流行歌を追う

永嶺重敏
Shigetoshi Nagamine

青弓社

「リンゴの唄」の真実

戦後初めての流行歌を追う

目次

第3章　「リンゴの唄」、ラジオで人気沸騰する

カバー写真――『そよかぜ』監督／佐々木康（一九四五年）写真提供／松竹
装丁――神田昇和

「リンゴの唄」
（作詞：サトウ・ハチロー、作曲：万城目正、編曲：仁木他喜雄、一九四五年）

1
赤いリンゴに唇よせて
だまって見ている　青い空
リンゴは何んにも　いわないけれど
リンゴの気持ちは　よくわかる
リンゴ可愛や　可愛やリンゴ

2
あの娘よい子だ　気立てのよい子
リンゴによく似た　可愛いい娘
誰方がいったか　うれしい噂
かるいクシャミも　飛んで出る
リンゴ可愛や　可愛やリンゴ

3
朝の挨拶　夕べの別れ
いとしいリンゴに　ささやけば
言葉は出さずに　小首をまげて
明日も又ねと　夢見顔
リンゴ可愛や　可愛やリンゴ

4
歌いましょうか　リンゴの唄を
二人で唄えば　なおたのし
みんなで唄えば　尚なお嬉し
リンゴの気持を伝えよか
リンゴ可愛や　可愛やリンゴ

凡例

一、新聞の投書者などを含めて、敬称はすべて省略した。

二、「リンゴの唄」は「リンゴの歌」「林檎の歌」などさまざまに表記されるケースが多いが、「歌」と「唄」の表記も含めて原文のままとした。

三、引用文は、旧仮名遣いは新仮名遣いに直し、明らかな誤字は訂正し、送り仮名も施し、適宜句読点を追加した。繰り返し記号は文字に改めた。

四、また、引用文中には、現在の観点では許容しがたい表現もあるが、歴史資料という性質に鑑み、原文のままとした。

はじめに

「赤いリンゴに唇よせて」で始まる「リンゴの唄」は、終戦後最初に大流行した戦後歌謡史の原点ともいうべき歌である。比較的年配の方でこの歌を知らない人はいないといっても過言ではないだろう。終戦後の日本人の心象風景を象徴する歌として、「リンゴの唄」は終戦記念番組などで必ずといっていいほどよく流される。一面焼け野原となった焼け跡を背景に流れる底抜けに明るいその歌は、虚脱状態に陥った終戦後の日本人を勇気づけ、励ましたという。

「リンゴの唄」はいわば戦後日本人への応援歌としての役割を担わされてきたといえる。一九五五年(昭和三十年)生まれの筆者も、そのようなものとして、「リンゴの唄」を理解してきた。

しかし、終戦直後の資料を読んでいくにつれて、このような平均的な理解に疑問を投げかけるような記述にときおりぶつかることがある。例えば、終戦の年の十一月のある日記の一節には次のように書いてある。

最近『りんごの歌』が大流行だ。どこへいっても耳にしないことはない。演芸会でも必ず歌われるというし、ラジオでもちょいちょい放送している。だがおれはこの歌はだい嫌いだ。戦争に敗けてなにが「可愛いやりんご」だ。べたべたしたその甘ったるい節まわし、聞くだけでもこっちが小馬鹿にされているようで、けったくそが悪い。(1)

この日記の書き手は、海軍から復員して郷里の静岡県に戻ってきたばかりの二十歳の青年だが、彼は「リンゴの唄」が大嫌いだという。過酷な体験をして戦地から復員してきたばかりの青年は、「リンゴの唄」を神経を逆なでするような歌だと感じ取っている。

この記述を読んだだけでも、「リンゴの唄」に対しては、後世の私たちが想像する以上にさまざまな感情が渦巻いていたことを知ることができる。戦時中の境遇の違いの影響による個人差も大きいと思われるが、この歌が必ずしも最初からすべての人に歓迎されていたわけではなかったことがわかる。

では、実際に「リンゴの唄」はどのようにして誕生し、終戦直後の日本人にどのように受け入れられていったのだろうか。筆者はこの点に興味をもち、「リンゴの唄」の誕生過程から大流行するまでを時系列に沿って具体的に追いかけてみようとした。

すると、にわかに暗闇のなかに迷い込んだような気がした。意外なことに、戦後日本を代表する歌でありながら、「リンゴの唄」の誕生の経緯やラジオなどのメディアを通じての流行過程に関する基本的な研究が、これまでまったくなされてこなかったことに気づいた。

多くの都市が空襲で焼け野原となっていた終戦後の未曾有の混乱期に、なぜ「リンゴの唄」が、

「リンゴの唄」だけが日本中に流行していったのか、その具体的な流行経路について、昭和歌謡史を扱ったさまざまな本を読んでも詳しいことは何も書かれていないのである。

もちろん、関係者の回想などを通しておおよその経過についてはある程度わかっていて、「リンゴの唄」誕生秘話がたびたび語られてきている。しかし、それらの回想や語り自体がそのつど変化して揺れ動いているため、どれが真実かわからなくなってしまうのである。

一例をあげると、サトウ・ハチローは「赤いリンゴに唇よせて」で始まる有名な「リンゴの唄」の歌詞をいつ書いたのか、というきわめて基本的な問題さえも、実は解決していない。暗い気持ちを振り払うために戦時中にすでに書いていたとする説が根強い一方で、いや戦争が終わってからだとする説も併存している状況である。

また、「リンゴの唄」の流行に大きく貢献したのはラジオ放送だった。ラジオから「リンゴの唄」が頻繁に流れてきたという回想は、しばしば私たちの目にするところである。では、実際に「リンゴの唄」はラジオでどのように放送されていたのか、並木路子はいつからラジオで「リンゴの唄」を歌い始めたのかといったことについて知ろうとしたが、皆目わからない状態だった。

これらは一例にすぎない。「リンゴの唄」はあまりにも有名すぎて、私たちはそれについてすべて知っているものと思い込んできた。しかし、実際にはその本当の姿はよくわかっていなかったのである。これまで「リンゴの唄」は終戦後の焼け跡に流れるBGMとしてしか扱われてこなかったために、歴史研究の対象としてまともに正面から取り上げられることがきわめて少なかった。その結果、いまだに基本的な事実さえ明らかになっていないという状態である。

いま必要とされるのは、「リンゴの唄」をもはやこれまでのように「焼け跡のＢＧＭ」という扱いですませるのではなく、焼け跡という舞台に立つ主役の一人としてその全体像を捉え直すことである。そして、終戦後の日本人を勇気づけたその歌の力がどのようにして誕生し、どのように人々に伝わっていったかを可能なかぎり具体的に跡付けることである。

そのためには、まず何よりも終戦後という時代に「リンゴの唄」の生きたリアルな姿を再発見し、再構築する作業が必要になってくる。

本書では、その作業の試行錯誤の過程をそのまま再現することにした。そして、実は調査の結果としてわかったことよりも、むしろわからないまま残されたことのほうが多かったのだが、これについては、今後本書を手がかりにして調査が進んでいくことを願う。本書が、終戦後という未曾有の混乱期に日本全国に鳴り響いた「リンゴの唄」研究のきっかけになれば幸いである。

なお、本書は〈歌の送り手→流通過程→受け手〉といったメディア史的視点からのアプローチをとっている。終戦後の混乱した社会状況のなかで、「リンゴの唄」はどのようにして誕生し、当時の映画やラジオ、レコードといったメディアとどのような関係を切り結び、そして、人々にどのように歌われていったのだろうか。そして、その作業を通じて、「リンゴの唄」のリアルな姿を捉え直し、終戦後の日本人を勇気づけた歌の力を再検討してみたい。

注

（1）渡辺清『砕かれた神――ある復員兵の手記 オンデマンド版』（朝日選書）、朝日新聞社、二〇〇三年、七〇ページ

第1章　戦後初の音楽映画『そよかぜ』と並木路子

1　八月十五日と文化的真空状態

毎年八月になると、終戦特集として読者体験談が新聞などに掲載される。そのなかには、一九四五年（昭和二十年）八月十五日の玉音放送の意味を即座に理解できなかったという投書も少なからず寄せられている。

ラジオの雑音と擬古調の文体、天皇の独特の話し方も影響していると思うが、「耐えがたきを耐え、忍びがたきを忍び」と言っているから、国民へのより一層の激励ではないか、いや「対ソ宣戦布告」ではないかと勘違いしたといった体験談も見受けられる。ともかくも、本土決戦、一億総玉砕まで果てしなく続くかと思われた戦争は、八月十五日に突如として終わりを告げた。

八月十五日、それは単に多大な犠牲者を出して戦争が終わったことを意味しているだけの日ではない。また、一つの壮大な全体主義的政治体制の終わりを意味しているだけでもない。
それは、同時に、戦争にともなって形成されてきたあらゆる文化的営み、映画、音楽、文学、思想などのすべての領域にわたって、大いなる中断ないしは終焉を意味した。こうして、八月十五日と同時に、一種の文化的・心理的な真空状態が生まれた。

2　「戦争の歌」の呪縛

文化的営みのなかでも、とりわけ大衆向けの娯楽は終戦とともに一斉に中止となった。まず映画の場合、製作中だった日本の戦争映画はすべて即中止となり、映画館や劇場は八月十五日から二十一日まで一週間、興行を自粛して休演となった。ラジオについても同様に、長年にわたってひっきりなしに流れていた戦意高揚の軍国歌謡をはじめ、すべての音楽や演芸放送は一週間の放送中止になった。

しかし人々の意識は、このような突然の文化的断絶にすぐさま適応できるように柔軟にはできていなかった。もちろん、戦争が終わったのだから、もはや昨日までの勇ましい軍国歌謡を歌うことはありえなかった。では、何を歌ったらいいのだろうか。翌年の記事ではあるが、一九四六年（昭和二十一年）の新聞投書欄は、「歌という大きな楽しみ」を奪われてしまった少年の悲痛な投書を掲載している。

子供に歌を

われわれ子供は敗戦以来、うすぐらい気持をいだいています。それは歌という大きな楽しみを失ってしまったからです。僕らはいつも陽気で元気である。そうして、歌を良く歌って、元気よく遊び、また気持のすぐれない時など自分を愉快な気持にする。しかし、この頃はどうであろう、ちょっと歌い出すと戦争の歌なので、はっとやめる。せっかく愉快な気持になって来たのが、不愉快な気持になって来る。たまたま歌が出来ても大人の歌だけで、子供の歌など敗戦以来少しも無く、その上大人の歌は語句がむずかしく容易に覚えにくい。もっと我々を明朗活発にするように、心ある大人の人よ、とりはからってください。(1)

投書中に「ちょっと歌い出すと戦争の歌なので、はっとやめる」とあるように、長く続いた戦争の間に、人々は「戦争の歌」で気持ちを鼓舞することに慣らされてきた。学校でも軍歌を歌わされ、生活のなかに「戦争の歌」が深く浸透した結果、人々は歌なしでは生きられないようになってしまっていたのである。

しかし、もはや戦時中の軍国歌謡を歌うわけにはいかない。かといって、それに代わる新しい歌も登場してこない。人々は敗戦の痛手と生活の苦しさを癒やしてくれる歌を、以前にもまして強く必要としていたにもかかわらず、歌うべき歌が存在しないという深刻なジレンマに直面していた。誰もが歌に飢えていたのである。

3　「歌を忘れたカナリヤ」

このような国民の状態について、一九四六年（昭和二十一年）の音楽雑誌で、ある論者は「戦後の国民は、歌を忘れたカナリヤである」[2]と表現している。

歌を歌いたいにもかかわらず、何を歌ったらいいかわからないという状況は、歌手や芸人にとってはさらに切実な問題だった。喜劇俳優の古川ロッパは終戦翌月の九月二十五日から東宝劇場で歌うことになったが、選曲に困り果てたという。

歌う歌が見つからないんで弱っちゃいましたよ。勝つぞ、勝つぞっていわれて、軍歌ばっかり歌っていたのが、約束が違って、敗けちゃいました。そこで、サア歌え、何でも歌えってことになったが、さあ何を歌ったらいいか。もう、こうなっては、軍歌というわけにも行きません。かと言って、アメリカへのサーヴィスに、アメリカの歌を歌おうと思っても、この何年間の鎖国で、アメリカの流行歌なんか一つも知らない、弱りました。[3]

結局、ロッパは即製の「ドウ・ユウ・スピイク・イングリッシュ?」という歌を歌ったという。このような歌の選曲という問題は、ひとりロッパだけではなく、当時の芸能界ひいては音楽界全体にわたる深刻な悩みだった。ある雑誌でも、「レコード界の噂話」として、「どの流行歌手も所謂持ち歌の貧困に大困りの態である。歌える歌がないのである」[4]と伝えている。

そして、結局、現実的な解決策としては、ひとまず軍国歌謡以前の古い流行歌をまた引っ張り出してきて歌う、ラジオで流す、旧譜のレコードを再発売するといった対応をとらざるをえなかった。その一方、このような「歌を忘れたカナリヤ」に、新しい流行歌を作って普及させようとする試みも早速登場してきた。日本芸能社の試みがそれである。

4　日本芸能社による「新流行歌の大衆審査」

日本芸能社は、戦時中に音楽の「配給」を目的に設立された社団法人だったが、その後、笹川良一を社長に迎えて、終戦以降も存続して音楽会の開催などさまざまな音楽普及活動を繰り広げていく。

「終戦後、軽音楽歌手の演奏曲目払底、大衆の口ずさむ流行歌の皆無に鑑み」てこの芸能社が乗り出したのが、「新流行歌」の選定だった。これは、時雨音羽などの詩人や作曲家十数人に新流行歌の作成を委嘱したもので、できあがってきた十四曲を十月十一日から日比谷公会堂で発表し、聴衆の投票によって入選曲を選定した。「新流行歌の大衆審査」と銘打ったこの投票の結果、次の五曲を入選曲として選定している。

第一位　「別れても」（藤浦洸作詞、仁木他喜雄作曲）
第二位　「朗かな港」（時雨音羽作詞、大村能章作曲）
第三位　「去年の今夜」（佐伯孝夫作詞、加賀谷伸作曲）
第四位　「東京新調」（佐伯孝夫作詞、塙六郎作曲）
第五位　「青い星」（藤浦洸作詞、仁木他喜雄作曲）[5]

そして、入選曲を舞台演奏や放送などを通じて普及させていく予定だったが、その後歌われた形跡はほとんどみられない。現在ではすっかり忘れられてしまった歌ばかりである。

翌年の音楽雑誌でも、「この企画はたしかに、機敏な思いつきであったにも拘らず、一体これに入選した歌を、その後誰が口吟んでいるだろうか、結果としては、作らぬも同然であった。企画が悪かったのではないが、少し早すぎたのである」[6]と評しているように、まったくの企画倒れに終わったらしい。

このような、いわば上からの「新流行歌」の選定がなされていたちょうどそのころ、別のところからまったく新しい流行歌が誕生しようとしていた。

十月に入ってしばらくしてから、軽快で楽しくなるような新しい歌が人々の耳に聞こえ始めたのである。そして、それは新しい歌に飢えていた人々の心に旱天の慈雨のように染み込み、燎原の火のように広まって、全国で歌われるようになった。「リンゴの唄」である。

しかし、この歌は、最初は、現在のようにレコードの新譜として発売されたり、ラジオやテレビの歌番組で紹介されたりしたわけではなかった。「リンゴの唄」は、焼け跡にわずかに残った映画館で封切られたある映画の主題歌として、終戦の年の十月十一日に初めてこの世に姿を現したのである。それは『そよかぜ』（監督：佐々木康、配給：松竹、一九四五年）という音楽映画だった。

5 「ムシズ」が走る映画『そよかぜ』

『そよかぜ』は終戦後に製作されて封切られた最初の映画として日本映画史にその名を残しているが、よほどの映画ファンでないかぎり一般には知る人が少ない映画である。私自身もこの調査を始めるまで知らなかった。

いったいどのような映画なのか、当時の新聞広告を調べてみると、「松竹明朗音楽篇」とうたっている。「新人並木路子の唄が聴きものです」と宣伝しているものもある（図1）。

もっと詳しく知りたいと思って、当時の新聞や雑誌の映画評を調べてみると、あまりに手ひどい評価のオンパレードに驚かされた。どれを読んでも酷評の嵐である。

「泥臭くてあか抜けがしない（略）早くも日本映画の軽薄化を予想させる」[7]

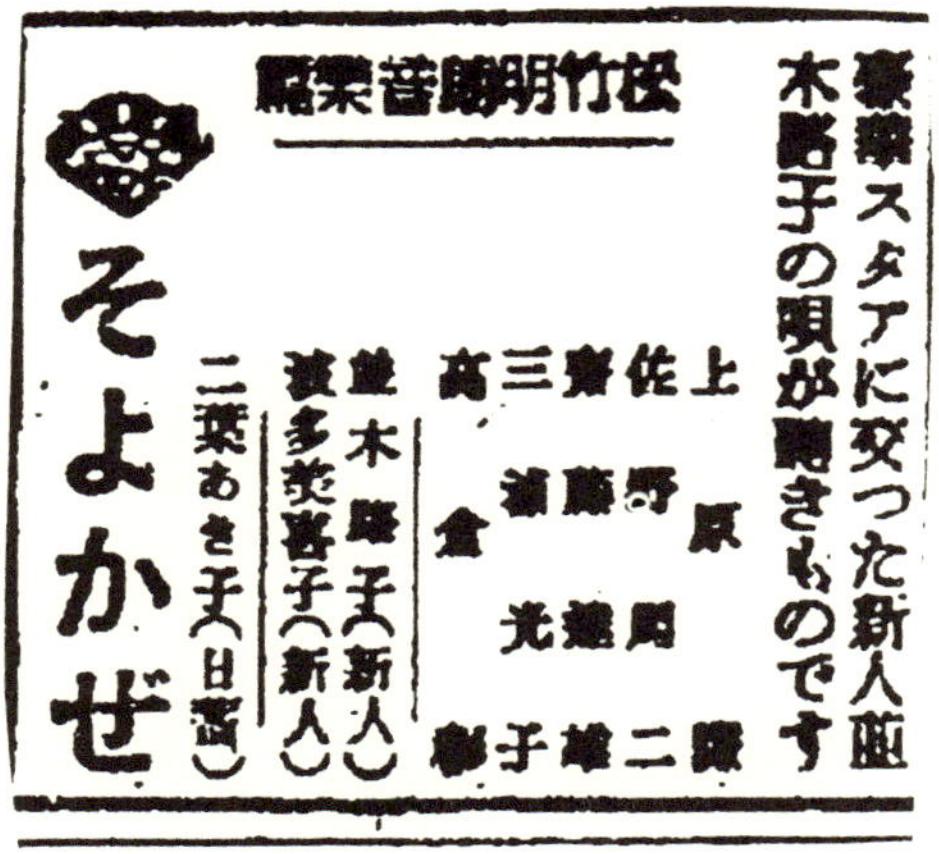

図1　映画『そよかぜ』広告
（出典：「朝日新聞」1945年9月30日付）

松竹明朗音楽篇

豪華スタアに交った新人
並木路子の唄が聴きものです
上原　謙
佐野周二
斎藤達雄
三浦光子
高倉　彰
並木路子（新人）
波多美喜子（新人）
二葉あき子（日蓄）
そよかぜ

「突如として歌や踊りが飛び出し、レビューの場面も一向魅力がなく何とも取柄のない作品である」[8]
「音楽的な感動もないと同時に、音楽を除くと一向何をどうしようとしたのか分らぬ」[9]
「朝日新聞」の映画評はさらにひどく、「ムシズ」が走るとまで表現している。この記事ではストーリーも簡単に紹介しているので、その評を引用してみよう。

映画評　そよかぜ（松竹）

ムシズを走らせたいと思う人はこの映画の最初の十分間を経験しても十分である。急場の間に合わせ的な粗製品であることは一見明瞭だが、レビュー劇場の楽士達（斎藤、上原、佐野）が協力して、照明係の少女（新人並木路子）をスターにするという話の構成に何の趣向もない貧しさと惨めさは論外。大体企画としてもこういう心懸けで映画を作っていくと、日本映画は衰亡のほかあるまいと痛感される。キザということはある程度に洗練された感受性と趣味性あってこそ生まれる効果であって、事ここに至ってはむしろ薄汚く、みすぼらしく、腑抜けた感じのみ。並木という新女優も余り好意の持てない容貌と素質だが、大体撮影効果よりいっても女優達の顔がいずれも薄汚い。低能児の少年の出現や、隣家の新婚夫婦の描写などをみると、作った人の審美感が疑われる。記者は計らずもこの映画を見て、敗戦感をまざまざと覚えた。敗戦の素材を扱わずして、敗戦感を与えるとは偉なる哉。監督は佐々木康。（Q）（五十六分

白系上映中）(10)

それにしても、ここまで手厳しい映画評も珍しいように思う。「ムシズ」「粗製品」「日本映画は衰亡」「薄汚い」と否定語ばかりである。極め付きは末尾の文章だろう。「記者は計らずもこの映画を見て、敗戦感をまざまざと覚えた。敗戦の素材を扱わずして、敗戦感を与えるとは偉なる哉」

Ｑという署名の筆者にここまで敗戦感を与えた『そよかぜ』という映画は、いったいどんな映画だったのだろうか。そして、ここまで酷評された映画だったにもかかわらず、そこで歌われた「リンゴの唄」がなぜ大流行していったのだろうか。

6　『そよかぜ』のストーリー

幸いにも、『そよかぜ』はビデオやＤＶＤで市販されていて、現在でも入手可能である。早速取り寄せて鑑賞してみた（図2）。一時間弱の長さの映画で、いわゆる「スター誕生物語」である。ストーリーを簡単に紹介しよう（なお、本書の巻末に付録1として詳細なストーリーと各場面で歌う挿入歌の歌詞をまとめたので、参考にしてほしい）。

レビュー劇場で楽屋番の母親と一緒に照明係を務めている「みち」という名前の娘が主人公で、

SHV BEST SELECTION
そよかぜ
―リンゴの唄―
上原 謙・並木路子
そよかぜ
―リンゴの唄―
hi-fi
MONO
VHS
〈モノクロ60分〉
SB-0199
¥3,800（税抜）
¥3,914（税込）
SHV BEST SELECTION
脚本／岩沢庸徳
監督／佐々木康

図2　『そよかぜ』ビデオジャケット

並木路子が演じている。劇場の楽団員たちが相談して、みちを歌手としてデビューさせようと画策し、まず前段階としてコーラスガールとしてデビューさせる。

その後、姉の出産のために母親が田舎に帰ってしまったため、みちも後を追って帰郷し、田舎の

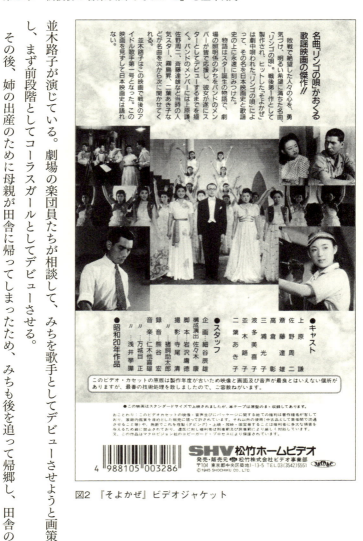

リンゴ畑で歌ったりする。その後、劇場の支配人がみちを抜擢する方針を打ち出す。楽団員たちはみちを追ってやってきて、みちにそのことを知らせる。

大詰めは、いよいよみちのデビューの日である。劇場のステージの幕が左右に開いて、みちが中央階段をゆっくり下りてくる。そして、「リンゴの唄」を歌い、その後、全員で合唱するシーンで映画は終わる。

ストーリーも単純でわかりやすく、レビュー劇場が舞台となっているため、ステージで歌い踊るシーンが多く、現在の私たちからみても、「明朗音楽篇」の看板に偽りはないように思われる。それほど否定的な要素は感じなかった。では、なぜ映画評で「ムシズ」が走るとまで酷評されたのだろうか。

7　戦争映画と敵性音楽の呪縛

もちろん、終戦後の食糧不足などの過酷な生活状況を背景に考えると、かなり浮世離れした映画として映ることはたしかである。しかし、それ以上に大きな原因として考えられるのは、終戦後の人々の感覚や意識のあり方である。ここで、戦争末期に人々がどのような映画に熱狂していたかを知るために、各年の興行収入ベストテンの上位をみてみよう。

一九四二年（昭和十七年）：①『ハワイ・マレー沖海戦』、②『マレー戦記』、③『待って居た男』、④『鞍馬天狗』

一九四三年（昭和十八年）：①『伊那の勘太郎』、②『無法松の一生』、③『姿三四郎』、④『戦いの街』

一九四四年（昭和十九年）：①『かくて神風は吹く』、②『おばあさん』、③『あの旗を撃て』、④『三尺《さんじゃく》左吾平《さごへい》』(11)

股旅物や娯楽作品もあるが、やはり戦争物が強い。元寇を扱った戦意高揚映画『かくて神風は吹く』（監督：丸根賛太郎、配給：大映、一九四四年）をはじめ、長篇記録映画の『マレー戦記――進撃の記録』（配給：日本映画社、一九四二年）や国策映画の『ハワイ・マレー沖海戦』（監督：山本嘉次郎、配給：映画配給社、一九四二年）、『あの旗を撃て』（監督：阿部豊、配給：映画配給社、一九四四年）が上位を占めている。

特に『ハワイ・マレー沖海戦』は大がかりな宣伝もあって未曾有の大ヒットを記録した映画で、当時国民学校の六年生だった映画評論家の佐藤忠男も、教師に引率されて団体で見にいき、「クライマックスではみんなと一緒に手を叩き足を踏み鳴らし」(12)て熱狂したという。

終戦後の人々は、つい昨日までこのような勇ましい戦意高揚映画に慣らされてきていたから、いきなり『そよかぜ』のような浮世離れした明朗音楽映画を見せられると強い拒絶反応を示さざるをえなかったのだろう。それも無理からぬことだと思われる。「戦争の歌」と同様に、戦争映画の呪縛が人々の感覚や意識を支配していたといえる。

また、戦時下で「敵性音楽」として排斥されてきた軽音楽がこの映画で大々的に復活しているのをみて、そこに英米文化の匂いを感じ取り、敗戦感と表現したのかもしれない。終戦後も軽音楽への反感が残っていたことについては、当時の日記などからも確認できる。

例えば当時旧制高校生だった井上太郎は、先に紹介した日本芸能社が開催した「明朗音楽会」を聴きにいった。この音楽会は終戦後一カ月もたっていない九月五日から十日まで六日間にわたって、「純正音楽の大衆化と軽音楽の向上」を狙って日比谷公会堂で開催され、藤原義江や波岡惣一郎、平岡養一などが出演したものである。[13]

この音楽会を実際に聴いた井上はそこで演奏された軽音楽に関して、「軽音楽は実にいやらしい。東京六重奏団はまだよいが、桜井潔や三根耕一等は話にならぬ低俗さだ」と日記に書いていて、ジャズは敵性音楽で低俗だという意識がまだ残っていたと回想している。[14]

終戦直後は戦争映画や敵性音楽といった呪縛に人々はまだまだ根強く支配されていた。『そよかぜ』という音楽映画はこのような終戦後の特殊な時空間のなかで公開され、人々に受け止められていったことを念頭に置く必要がある。

では、この映画のなかで、「リンゴの唄」はどのように歌われていたのだろうか。

8　「リンゴの唄」は挿入歌？

「音楽映画」と銘打っているだけに、この映画には歌のシーンがふんだんに出てくる。冒頭のタイトルバックからオープニングにかけてのシーンでは、まず最初に「リンゴの唄」が歌われる。ただし、歌っているのは、並木路子ではなく、同じく新人の波多美喜子である。

劇中歌として古い歌、例えば竹久夢二作詞・多忠亮《おおのただすけ》作曲の大正期の「宵待草」なども登場するが、ほとんどの歌はこの映画のための新作である。

新作は、大きく分けて、

①「リンゴの唄」（作詞：サトウ・ハチロー、作曲：万城目正）

②「そよかぜ」（作詞：サトウ・ハチロー、作曲：仁木他喜雄）

③「そよかぜ」変奏曲

の三種類からなっている。

このうち、②の「そよかぜ」は物語の進行とともにできあがっていくという設定になっているために、後半になるまで歌われないままである。それを補うためもあって、「そよかぜ」という言葉を歌詞中に含むその変奏曲とでもいうべき歌がいくつか前半で登場してくる。③がそれである。

図3　『TANGO そよ風の唄』（新興音楽出版社）楽譜表紙

ところで、これまでは、映画と同名の「そよかぜ」という歌が映画の主題歌で、「リンゴの唄」は挿入歌だったとされてきた。しかし、実際の映画のなかでは、「リンゴの唄」のほうが圧倒的に強い印象を与えている。というのも、「リンゴの唄」は重要なシーンで登場しているからだ。まずオープニングで新人の波多美喜子がステージで歌い、その後、リンゴ畑のシーンで並木と子どもたちが歌い、さらに、エンディングでも並木が歌い、波多と霧島昇が歌い、その後、全員で合唱している。映画中で歌う回数も、「リンゴの唄」のほうが多い。

これに対して、「そよかぜ」は前半ではまったく歌われず、後半になってからやっと歌が完成して歌われるようになる。また、バラード風（楽譜にはタンゴとある）（図3）のきれいな曲調ではあるが、音楽の個性が比較的弱く、観客の記憶のなかに固定したイメージを結びにくい。

他方、「リンゴの唄」も、その後にレコード化されて現在まで愛唱されてきた歌詞とは違う歌詞が登場している。「リンゴ畑の香りにむせて、泣けても来るような喜びよ、若さに濡れてるリンゴの瞳、乙女の希望が光ってる」である（巻末付録1を参照）。その意味で、「リンゴの唄」もこの映画の撮影時点ではまだ確定した形になりきっていなかったことがわかる。

このように、映画のなかでの歌われ方を見るかぎり、実質的な主題歌として位置づけられていたのは「リンゴの唄」のほうだった。そもそもオープニングとエンディングで歌われる歌、それはもはや挿入歌ではなく、主題歌と呼ばれるべきものである。

では、主題歌「リンゴの唄」はどのようにして生まれてきたのだろうか。この歌の誕生は映画『そよかぜ』の製作過程と密接に関係しているため、まず映画がどのようにして作られたかをみていこう。

9　映画『そよかぜ』は一カ月で撮影された

映画『そよかぜ』の封切り日は一九四五年（昭和二十年）の十月十一日、終戦の八月十五日からまだ二カ月もたっていない時期である。いったいどうしてこのような短期間で映画を完成させることができたのだろうか。そこには、この映画の監督を務めた佐々木康という人物の力量が大きく関わっている。彼は当時、松竹の大船撮影所に所属していた。

佐々木康は一時期、小津安二郎に傾倒して芸術作家を目指したこともあったが、その後は娯楽作品に徹して、非常に多作の監督になった。[15] 五十年にわたる映画人生の間に劇場用映画百六十八本、テレビ映画約五百本を作っていて、このなかには、『陽気な渡り鳥』（配給：松竹、一九五二年）をはじめとする美空ひばりの出演映画十九本が含まれている。また、テレビ界に移ってからは『素浪人 月影兵庫』（NETテレビ、一九六五―六六年）や大川橋蔵の『銭形平次』（フジテレビ系、一九六六―八四年）といった人気シリーズを手がけている。

当時、佐々木監督は「トーカカンセイ」というあだ名をつけられていたという。[16]「灯火管制」と「十日完成」をかけたもので、その名のとおり十日間で撮影を終えたこともあるほどの早撮りで知られていて、一年間に十本の映画を撮ったこともあった。また、音楽映画の経験も豊富であった。

したがって、『そよかぜ』という音楽映画を短期間で完成させることは、佐々木監督にとってはいわば十八番《おはこ》だったわけである。『楽天楽観映画監督佐々木康』に沿って、その製作過程をさらに詳しくたどってみよう。

終戦とともに各映画会社の撮影は中止となり、佐々木は疎開先の横手市の妻の実家に帰省していたところ、一週間後に大船撮影所の大谷所長から呼び出しの電報が届いた。そこで急遽、八月二十五日に大谷所長のもとに駆け付けると、「一〇月の初旬に間に合わせたい。なんとか九月末までに一本撮ってくれ」という依頼を受けたという。

そこで、佐々木は「スター誕生」ものでいくことを思い付き、ちょうど終戦前に助監督の岩沢庸《つね》徳《のり》が書いていた『百万人の合唱』という脚本の手直しを岩沢に依頼する。岩沢はもともと「街頭慰問隊をテーマとした戦意高揚映画」だったという脚本を、レビュー映画のスター誕生ものに一週間で書き換えてきた。こうして、脚本ができあがったという。(17)

ここまでの経緯については、その後の日本映画史の著作などにも広く引用されていて、いわば定説化してきている。しかし、佐々木のこの回想には一つ大きな疑問が存在している。ほかならぬ『百万人の合唱』についてである。

実は一九三五年（昭和十年）に封切られた映画のなかに、同名の『百万人の合唱』（監督：富岡敦雄、配給：東宝、一九三五年）という映画がすでに存在している。この映画はＪＯトーキー、ビクター、東宝の合同製作による「邦画最初の本格的音楽トーキー」(18)で、有名な声楽家で流行歌手でもあ

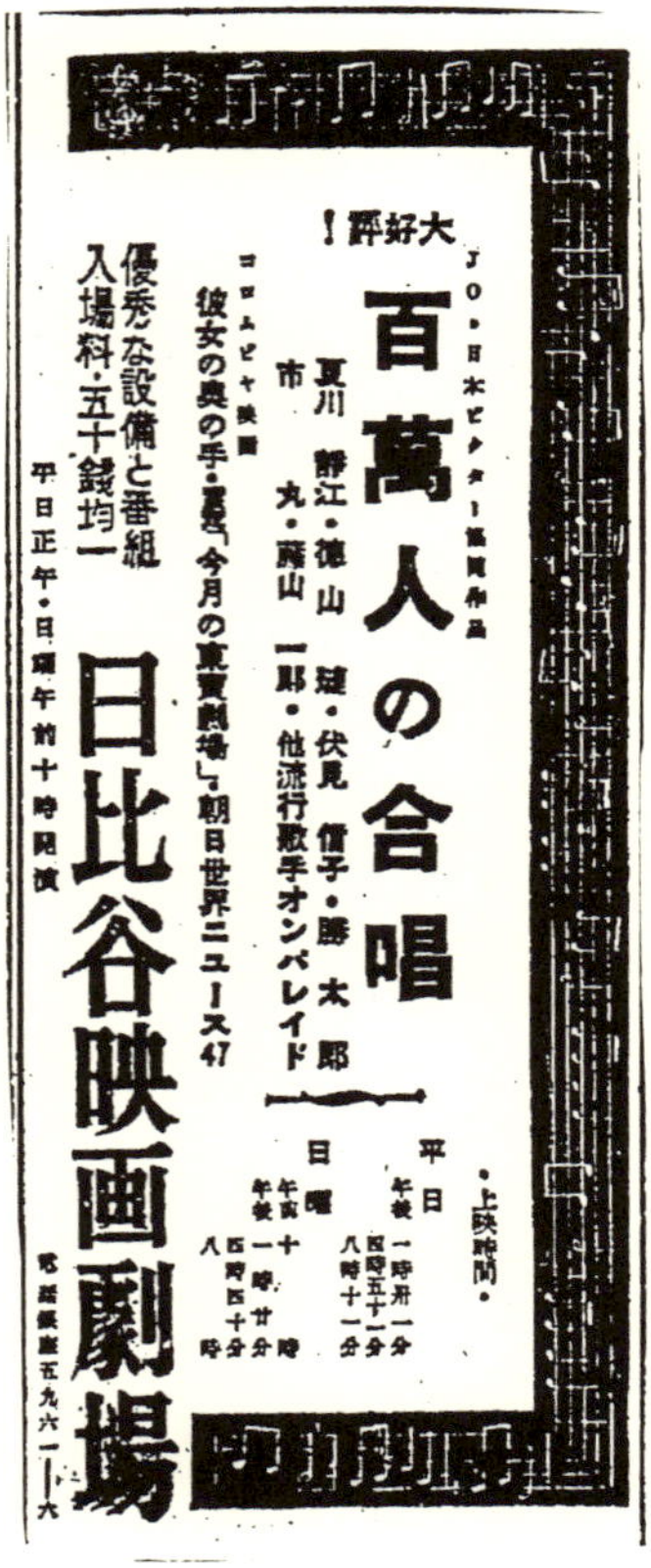

図4　『百万人の合唱』広告
（出典：右＝「読売新聞」1935年1月20日付夕刊、左＝同紙1月30日付夕刊）

った徳山璉《たまき》が主演し、ビクター専属歌手が総出演して鳴り物入りで宣伝された映画である。当時の新聞各紙にも大きな広告が打たれ（図４）、同名の主題歌のレコードもビクターから発売されている。

『百万人の合唱』は、作詞家と作曲家としてそれぞれ成功を目指す二人の青年が互いに切磋琢磨しながら新作の歌を作っていくというストーリーで、そこにロマンスが絡んでくる。映画は最後に二人の作った歌が世に受け入れられて百万人の合唱となっていくところで終わる。[19]

ストーリーからわかるように、『百万人の合唱』は街頭慰問隊の戦意高揚映画とはほど遠く、いわば作詞家と作曲家の成功物語という内容である。ただ、十年ほど前に作られた映画ということで、その後、人々の記憶から消え去ってしまったのかもしれない。

なお、似たようなタイトルで『世紀の合唱　愛国行進曲』（監督：伏水修、配給：東宝）という映画を一九三八年（昭和十三年）に東宝が封切っている。[20]この映画は「愛国行進曲」（作詞：森川幸雄、作曲：瀬戸口藤吉）を作った瀬戸口藤吉を主人公にした内容で、街頭軍楽隊や楽団員が登場してくる。

『百万人の合唱』や『世紀の合唱』と岩沢庸徳が書いた脚本との関係についていろいろ調べてみたが、残された資料がまったくなく、現在のところは手がかりなしである。タイトルの重複についてては佐々木監督の記憶の混同の可能性も考えられるが、すでに亡くなっているので確認できない。ただ、一週間という短期間で書き上げるためには、もとになる何らかの脚本があった可能性が高いように思われる。これについては今後の課題としたい。なお、岩沢庸徳はフォーク兄弟デュオのブレッド&バターの父親である。

10　並木路子「リンゴ娘」に抜擢

さて、脚本ができあがってきて、次に主役の「リンゴ娘」[21]として指名されたのが、当時松竹歌劇団に所属していた並木路子だった。なぜ並木が指名されたのかについてはサトウ・ハチローの打ち明け話[22]が残されていて、それを読むと、すでに終戦前から並木に目がつけられていたことがわかる。すなわち、八月二日にサトウと佐々木監督、さらに当時松竹の音楽部長だった万城目正の三人が都内某所で飲む機会があり、その席で新しい面白い映画を作ろうということになり、映画の女優候補として並木の名前があがったというのだ。

この点については、並木の自伝『「リンゴの唄」の昭和史』にも言及があり、八月初めごろに佐々木と万城目が邦楽座に出演していた並木を見にきたと書いてある。[23]サトウがいう八月二日の飲み会の後に、おそらく佐々木と万城目の二人が実際にも並木のステージを見にきていたのである。しかし、この新しい映画製作の話は終戦でいったん流れてしまう。

なお、サトウはその後の回想などでは、八月二日の飲み会での打ち合わせを「リンゴの唄」の歌詞を作った時期と混同して書いているが[24]、この段階ではまだ歌詞ができていなかったことはいうまでもない。

ところで、並木路子は松竹少女歌劇団の花形スターとしてすでに戦前から活躍していた。その歩みを『「リンゴの唄」の昭和史』から追ってみると、並木は一九二一年（大正十年）生まれで、小学校卒業後の三六年（昭和十一年）に松竹少女歌劇学校に入学し、翌年には松竹少女歌劇団員として浅草の国際劇場でデビューした。その後も国際劇場を舞台に活動していたが、四二年（昭和十七年）にはフィリピン慰問に出かけている。戦争の激化にともなって、国際劇場は四四年（昭和十九年）に閉鎖された。また、翌年三月の東京大空襲では、並木も母親とともに猛火のなかを逃げまどい、隅田川で母親を亡くしている。

その後、終戦直前の五月には、吉野章楽団とともに総勢四十五人で中国慰問に出かけたが、上海で慰問したときのステージを実際に見た兵士の回想が残っている。

やがて現れたのは、なんとなつかしや、東京松竹歌劇団の人たちと吉野章楽団であった。（略）その時、いちばんうけたのが、実に、並木路子さんの歌と踊りであった。

「並木路子っていいねえ」

と、兵隊たちの間ではたいへんな人気であった。その後、部隊が移動して、北支の山の中で復員まで長い間閉じこめられていたときにも、よくその話が出た[25]。

このように、並木はすでに戦前から松竹少女歌劇団のなかでもひときわ目立つ存在だったようである。サトウや佐々木監督たちが新しい女優候補として目をつけたのも無理からぬことだった。

また、oke1609のブログによれば、並木路子はすでに戦前に次のような二枚のレコードを出している。(26) ①は国立国会図書館の歴史的音源に収録されている。

①並木路子「世界隣組」(サトウ・ハチロー詩・仁木他喜雄曲)、コロムビア、一九四二年(昭和十七年)一月

②並木路子・霧島昇「御代の春」(山口国敏詩・万城目正曲)、コロムビア、一九四三年(昭和十八年)五月

このように、レコードや国際劇場の舞台で、以上のような実績をすでにもっていたことからも、終戦後に浮上してきた新しい映画『そよかぜ』の主役として、あらためて並木が指名されたのは、きわめて自然な流れだったといえるだろう。

並木は九月一日にそのことを知らされた。そのときの驚きを、彼女は『「リンゴの唄」の昭和史』で次のように語っている。なお、引用文中に出てくる「小林さん」は並木路子(本名・小林庸《つね》子)自身のことである。

昭和二十年九月一日のことでしたが、松竹の本社から私のところに「大船に行くように」と言ってきました。いきなりのことですから、なんのことなのかわかりません。でも、緊急の用のようで、私は生徒監の伊丹貞子先生と一緒に大船（松竹大船撮影所）に行きました。

部屋に入るなり、助監督さんが「台本ができてるから」と言って一冊の本を伊丹先生に渡しました。それを見るなり伊丹先生は「小林さん、大変よ。あなたが主役になってるわ」と、おっしゃるのです。

「主役って、なんの？」

私は何も聞いていなかったので、きょとんとして言いました。

「決まってるじゃないの。映画の主役よ」(27)

こうして並木は一躍、戦後最初の音楽映画『そよかぜ』のヒロインとしてスクリーンの上に躍り出ることになったのである。九月一日といえば、終戦後まだ二週間しかたっていない。終戦の虚脱感で多くの人々が茫然自失となっていた時期に、松竹関係者のこの間の動きのすさまじいまでのスピード感には驚くばかりである。

ただ、このようなバイタリティーにあふれた映画人はひとり松竹ばかりではなかった。『サンダカン八番娼館　望郷』（監督：熊井啓、配給：東宝、一九七四年）などで知られる脚本家で助監督の廣澤榮が所属していた東宝撮影所でも、終戦の数日後から早くも数本の映画の撮影を開始したという。廣澤は、「敗戦という未曾有の混乱、また進駐軍による軍政のなかでも、活動屋は異様なバイタリティーを発揮していた(28)」と回想している。戦時下で抑圧され続けていた映画人の自由な創造意欲が一挙に噴き出したものだろう。

注

(1)「朝日新聞」一九四六年二月十日付
(2) 有坂愛彦「新生のレコード界」「音楽之友」一九四六年一月号、音楽之友社、三九ページ
(3) 古川ロッパ『古川ロッパ——あちゃらか人生』(人間の記録)、日本図書センター、一九九七年、二二〇ページ
(4)「レコード界の噂話」「月刊西日本」一九四六年一月号、西日本新聞社、二五ページ
(5)「東京新聞」一九四五年十月十八日付
(6) 前掲「新生のレコード界」
(7)「東京新聞」一九四五年十月十五日付
(8)「新映画」一九四五年十月・十一月合併号、映画出版社、一四ページ
(9)「キネマ旬報」再建第二号、一九四六年五月一日、キネマ旬報社、四一ページ
(10)「朝日新聞」一九四五年十月十二日付
(11) 古川隆久『戦時下の日本映画——人々は国策映画を観たか』吉川弘文館、二〇〇三年、一七三

ページ

(12) 佐藤忠男『日本映画史2——1941—1959 増補版』岩波書店、二〇〇六年、六九ページ

(13)「朝日新聞」一九四五年九月四日付

(14) 井上太郎『旧制高校生の東京敗戦日記』（平凡社新書）、平凡社、二〇〇〇年、一九六ページ

(15) 佐々木康、佐々木真／佐々木康子監修、円尾敏郎／横山幸則編『楽天楽観映画監督佐々木康』ワイズ出版、二〇〇三年、一三六—一三七ページ

(16) 同書一二〇ページ

(17) 同書一四五—一四六ページ

(18)「キネマ週報」一九三四年十二月十四日号、キネマ週報社、二四ページ

(19)「キネマ週報」一九三四年十一月二十三日号、キネマ週報社、二〇ページ

(20)「朝日新聞」一九三八年四月二十六日付夕刊

(21) 前掲『楽天楽観映画監督佐々木康』一四六ページ

(22) サトウ・ハチロー「リンゴ余談」「歌謡春秋」一九四六年七月号、歌謡春秋社、一一ページ

(23) 並木路子『「リンゴの唄」の昭和史』主婦と生活社、一九八九年、一二九ページ

(24) サトウ・ハチローほか「リンゴの唄楽屋話」「平凡」一九四六年五月号、凡人社、二五ページ

(25) 佐藤邦夫「リンゴの子……並木路子さん」、軽音楽社編「軽音楽」第一巻第二号、軽音楽社、一九四六年十月

(26) oke1609の livedoor blog「音楽全般」「昭和初期の映画主題歌あれこれ」(http://blog.livedoor.jp/oke1609/archives/2007-11-02.html)［二〇一八年八月十五日アクセス］

(27) 前掲『「リンゴの唄」の昭和史』一二九ページ

(28) 廣澤榮『私の昭和映画史』(岩波新書)、岩波書店、一九八九年、一六三ページ

第2章　「リンゴの唄」の誕生と反響

1　「リンゴの唄」の曲は汽車のなかで書かれた

主役も決まって、戦地から復員したばかりの上原謙や佐野周二などを楽団員に配して、映画の撮影が始まった。「リンゴの唄」の作曲は、映画『愛染かつら』（監督：野村浩将、配給：松竹、一九三八年）の主題歌「旅の夜風」（作詞：西條八十、作曲：万城目正）で有名になった万城目正が担当することになっていた。万城目の回想によれば、「失望して田舎へ帰った娘が、林檎畑で歌うのと、ラストシーンの歓喜の絶頂で舞台で歌う場合」(1)の両方で歌う歌という注文だったという。

しかし、映画の撮影が始まっても、まだ「リンゴの唄」の曲はできてこなかった。映画の後半に、秋田県に帰郷したみちがリンゴ畑で歌うシーンがあり、佐々木に代わって、助監督の岩沢が増田町のリンゴ畑での撮影に出かけた。しかし、歌ができていないので、アフレコで後から吹き込んだと、佐々木は『楽天楽観映画監督佐々木康』に書いている。

さらに困ったことに、サトウハチローの詞はできていたけれども、万城目さんの曲がなかなかできてこない。リンゴ畑で唄うシーンを撮影しなければならなかったのだが間に合わない。万城目さんは岩沢君に、なんとあの藤山一郎の唄う「丘を越えて」を唄わせながらロングで撮影しろと指示してきた。そして、アフレコで歌を吹き込んだのである。(2)

たしかに映画を見直してみると、リンゴ畑で歌うシーンはほとんどロングばかりで、口元がはっきり見えない撮影方法をとっている。

では、曲はいつできたかというと、万城目は秋田へ向かう汽車のなかで書いたという。

私は無精者で、いよいよとならないと仕事にかかれないせいもあるが、映画の撮影が終わってから音楽の吹込み迄の日数をもう少し欲しいと思う。無精が祟ったのであるが、日数も少なかったので、「林檎の唄」は秋田のロケ先へ持って行く汽車の中で鉛筆を舐め舐め書いた。(3)

回想の別の箇所では、「撮影所の食堂の二階で、一夜作りに作った様なもの」とも書いているが、いずれにしても、まさに急ごしらえの曲作りだったようである。この映画で、このような急ごしらえの例は「リンゴの唄」以外にもみられる。映画の最初のほうにある、宿舎の引っ越し場面で歌う「そよかぜ」変奏曲の一つがそれである。

この歌は、「ポプラ並木にそよかぜ吹いて、小鳥さえずる愛の歌、にっこり笑って足並みそろえ、越えてゆこうよ野も山も、青春、青春、たたえよ青春」というさわやかな歌詞で、曲も軽快で印象に残る歌である。

ところが、若林宣の指摘によれば、この歌は実は『乙女のゐる基地』（監督：佐々木康、配給：映画配給社、一九四五年）という映画のなかで歌っている「空から轟沈」（作詞：西條八十、作曲：万城目正）の歌詞を変えたものだという。(4)『乙女のゐる基地』は終戦直前に撮影された佐々木監督自身の作品で、航空隊の基地で働く女子挺身隊を描いた映画である。(5)そこで使っている主題歌の「空から轟沈」も万城目正の作曲によるもので、この歌を歌詞を変えて再利用したのである。「トーカカンセイ」のためにさまざまな工夫を重ねた跡がうかがえる。

それにしても、「空から轟沈」という歌は、「見たか聞いたかこの体当たり、邪魔だそこのけグラマン機、目指す空母をどかんとやらにゃ、大和男子の名がすたる、轟沈、轟沈、空から轟沈」といういかにも勇ましい歌詞だが、「轟沈、轟沈、空から轟沈」が「青春、青春、たたえよ青春」に生まれ変わるその鮮やかな手腕には驚かされるばかりである。

ただし、戦前の歌を歌詞だけ変えるこのようなやり方は、当時かなり一般的におこなわれていたようで、童謡歌手の川田正子も自伝『童謡は心のふるさと』のなかで、「兵隊さんの汽車」という歌の歌詞に関してGHQ（連合国軍総司令部）からチェックが入ったために、急遽歌詞を変えて「汽車ポッポ」としてラジオ番組で歌った経験を語っている。(6)

2　歌詞を書いたのは戦時中？

他方、撮影時にサトウ・ハチローの歌詞がすでにできていたことは、先に引用した佐々木監督の『楽天楽観映画監督佐々木康』からも明らかである。ただ、歌詞ができた時期については再検討の余地がある。歌詞はすでに戦時中に書かれていたとする説がこれまで広く定説的に伝承され、さまざまな著作にも受け継がれてきている。並木路子も『「リンゴの唄」の昭和史』のなかで、次のように述べている。

あとで伺ったことですが、「リンゴの唄」の歌詞は、映画の台本と同様、サトウハチロー先生が戦争中に書いていらしたものなのだそうです。いつ終わるかわからない戦争だから、こんなときこそ、青空を見上げる気持ちの明るい歌がなければ、というお気持ちで書かれたというのです。(7)

「Wikipedia」にも、「サトウハチローがこの詞を作ったのは戦時中であったが、「戦時下に軟弱すぎる」という理由で検閲不許可とされ、戦争終了後に日の目を見た」(「リンゴの唄」の項)とある。サトウ・ハチロー自身が雑誌などで戦時中説を唱えていたこともある。

たしかに、この歌の歌詞は映画のストーリーと密接に対応しているわけではなく、戦時中に書かれたとしてもおかしくはないが、映画と対応していると思われる部分もある。たとえば物語のヤマ場となるリンゴ畑で、並木路子が大勢の子どもたちと一緒に歌うシーンでは、「リンゴ畑の香りにむせて、泣けてもくるような喜びよ、若さに濡れてるリンゴの瞳、乙女の希望が光ってる」と歌っている(巻末付録1を参照)。この部分はのちの歌のレコード化の際にカットされるが、リンゴ畑で歌うシーンを念頭に置いて書いた歌詞のように思われる。

サトウ・ハチローという人は世俗をはるかに超越した詩人だから、戦時中の空襲と灯火管制の下でこのような歌詞を書いてもおかしくはないが、ある程度は映画のストーリーを参考にして歌詞を書いたのではないだろうか。

そう思っていたところ、終戦の翌年のある雑誌のなかで、サトウ・ハチロー自身が次のように書いている箇所にぶつかった。明らかに、終戦後に映画の脚本を読んでから作詞していたのである。

八月二一日。

万ちゃんからデンワがあって、一寸来いといわれた。(略)行って逢ってみる。一冊の本を

渡され、

「至急唄をつくれ」

と、肩をたたかれた。そこで家へかえり、案を練ること数日（というと苦心談になるのだが）、数日間ぼんやりして、さいそくをされ、書いたのがリンゴの唄だ。僕の書いた原稿は、

――あの子よい子だ、キダテのよい子、リンゴによく似た、可愛い子――

が一番になっている。いま一番になっている、

――赤いリンゴに、唇よせて、だまってみている、青い空――

は、その時二番の歌詞だったのだ。それを万ちゃんが、一番にしたのだ。いま思えば、これでよかったのだ。万ちゃんとは、親友だから、万ちゃんがやったことに、僕は文句なんかつけない。僕より万ちゃんの方が、世間をよく知っているし、何しろ、愛染かつらで唄をはやらせることは心得ているのだから、まかせておいた方がいいのだ。(8)


終戦後の八月二十一日に万城目から一冊の本、すなわち映画の脚本を渡されて、歌の作成を依頼され、それから数日かけて書き上げたという。脚本を読んでから歌詞を書いたとはっきり述べているのである。

ただ、この八月二十一日という日付については、先に紹介した佐々木監督の『楽天楽観映画監督佐々木康』では、八月二十五日に大谷所長に映画製作を依頼され、その後一週間で脚本ができてき

たとあることから、サトウの記憶違いだと思われる。いずれにせよ、終戦後に万城目から渡された脚本に合わせて歌詞を書いていたことはたしかである。

サトウのこの回想記事は映画の公開翌年の雑誌に掲載されたものであり、また、歌詞の一番と二番を入れ替えたという細部にわたる記述もあることから、かなり信頼してもいいのではないかと思われる。

このことを裏づけるように、佐々木監督も戦時中作成説に対して「そんなことはないはず」と疑問を呈して、晩年に次のように述べている。

あの映画は終戦直後の(昭和二十年)八月二十日ごろ、松竹の大船撮影所長から「とにかく一本作ってくれ」と言われ、急きょホン(台本)を書かせました。それが出来上がったのが月末。そのホンを助監督にサトウさんのところに持って行かせ、作詞を依頼しているんですから。(9)

日付や細部に関して若干の異同はあるが、サトウが脚本を読んでから作詞したという点については一致している。すなわち、曲と同様に、歌詞も終戦後に書かれていたのである。

以上、「リンゴの唄」の誕生過程をまとめると、佐々木監督からの依頼によって岩沢庸徳が脚本を書き上げ、それを読んでまずサトウ・ハチローが歌詞を書き、次いで、その歌詞に万城目正が曲をつけたという流れになる。なお、これにさらに、仁木他喜雄の編曲が加わるが、編曲の経緯については、佐々木監督が『楽天楽観映画監督佐々木康』で「仁木他喜雄のテンポのいい編曲も効果的だった」[10]とふれているだけで、詳細はわからない。

このように、映画『そよかぜ』も「リンゴの唄」も、ともに終戦後に誕生した、正真正銘の戦後生まれの作品だった。

3 東京での封切り興行は二週間だけ

さて、映画『そよかぜ』は予定どおり一カ月で完成し、十月十一日に封切られた。注目されるのは、封切り前の九月から早くも新聞紙上で盛んに宣伝活動を繰り広げていることである。最も早い広告例は封切りの一カ月近くも前の九月十七日に登場している。[11]

この時期の新聞は極端な用紙不足のために紙面が二ページしかなかったが、そこに「松竹明朗音楽篇」と銘打ち、『そよかぜ』というタイトルがゴシックで大きく打ち出された広告が、封切り前から連日のように掲載された。このような宣伝活動は読者の側にも強い印象を与えたようで、ある同好会の会誌では、「鳴物入りで宣伝をした新人並木の主演せる音楽映画」[12]と紹介している。

また、街頭広告も盛んに活用されたようで、並木が歌う顔をアップにして「明朗松竹超弩級音楽映画」とうたった五枚続きのポスターの写真が残っている。[13]

このような鳴り物入りの宣伝の効果もあって『そよかぜ』は大ヒットを記録した、といいたいところだが、どうもそうではなかったようである。佐々木監督自身が『楽天楽観映画監督佐々木康』で「『そよかぜ』はヒットしなかった」と明言していて、その原因として、戦災のために全国で五百館余りの映画館が焼失してしまったことをあげている。(14) 終戦直後は映画のインフラそのものが最悪の状態にまで落ち込んでいたのである。

この時期の映画の興行成績を知るには「キネマ旬報」の「映画館景況調査」がよく利用されるが、この調査は戦後一九四五年(昭和二十年)十二月末からの開始なので、『そよかぜ』の封切り興行がほぼ終了した後になり、本書では利用できない。それに代わる方法として、ここでは新聞の映画館広告から『そよかぜ』の封切り館を拾い上げて、上映状況を調べる方法をとってみる。

なお、映画配給システムは戦争末期に大きく変わっている。すなわち、一九四二年(昭和十七年)に社団法人映画配給社が設立され、全国の映画館の半数が紅白の二系統に再編成された。そして、各系統の一番館(四十館程度)から毎週一本が封切られ、以下二十番館まで一週間ずつ上映されていくシステムである。その後、製作本数の減少にともなって、白系で封切り後に紅系に回される交互上映方式も取り入れられていった。(15)

この配給システムが終戦後もしばらく存続していて、『そよかぜ』もまず白系の神田日活や上野日活などの六館で封切られ、次いで翌週には、交互上映方式によって、紅系の本所映画や日比谷映画などの七館で上映されている。

①十月十一―十七日
〔白系〕神田日活、上野日活、渋谷公会堂、新宿帝都座、渋谷松竹、新宿東宝
②十月十八―二十四日
〔紅系〕本所映画、日比谷映画、横浜宝塚劇場、銀座全線座、銀座松竹、浅草松竹、浅草富士館

ここで注意したいのは、白系・紅系ともに上映期間がわずか一週間だけで終わっている点である。映画配給社の配給システムからくる制約とはいえ、東京の主要館での『そよかぜ』の上映は白系・紅系の合計二週間程度で終わってしまったことになる。なお、この時期に封切られたほかの映画も、白系・紅系の二週間で終わる場合がほとんどである。

紅系での上映が終わった二十五日からは二番館以下の上映に回されていくが、上映館数はきわめて少ない。

③十月二十五日―　人形町松竹
④十一月二日―　芝園館
⑤十一月二十三日―　鳥越日活
⑥十一月三十日―　深川映画、千住東宝

⑦十二月十三日——　浦和劇場、八王子松竹
⑧十二月二十日——　鎌倉松竹
⑨十二月二十七日——　渋谷銀星座

このように、上映状況からみるかぎりでも、たしかに『そよかぜ』は大ヒットとはほど遠い状態にあったことがわかる。東京都民の多くが主要館で『そよかぜ』を見ることができたのは、せいぜい二週間程度でしかなかった。

4　地方での上映はさらに少ない

では、東京以外の都市での上映状況はどうだったのだろうか。同じく地方新聞の広告から、『そよかぜ』の上映状況を西日本を中心に拾ってみよう。

大阪　十月十一日——　松竹座、公楽座、南街映画、大阪座、梅田地下
　　　十月十八日——　大劇、梅田映画劇場
京都　十月十一日——　松竹座、帝国

十月十八日―　京宝、京映、千本日活、昭和館
神戸　十月十一日―　聚楽館
十月十八日―　三宮映画館
福岡　十月二十五日―　聚楽座
十一月一日―　吉塚映画、福岡松竹
八幡　十一月十五日―　太陽館
小倉　十一月二十二日―　東宝喜楽館、常磐座

大阪や京都では六、七館で封切られているが、それ以外の都市ではわずかに一、二館程度で上映されたにすぎない。これは東京と同様に地方都市でも、戦災によって多くの映画館が焼失し、映画館自体の絶対数が減少していたことも影響している。なかには、戦災によって映画館が全滅した都市も少なくなく、九州では鹿児島、久留米、延岡、川内がそうだったという。(16)

しかし、映画館復活への要望も強く、鹿児島では早くも九月には焼け残った倉庫を使って移動映写機で旧作の『愛染かつら』を上映するところから再出発している。(17)『愛染かつら』は旧作のなかでもとりわけ終戦後に人気が再燃した映画で、各地で大ヒットを記録しているが、その人気の原因について、ある新聞では次のように解説している。

例えば「愛染かつら」の場合、あの主題歌が全国的に拡まって未だに愛唱されていること、終戦後この映画を見直すと、戦前の東京、横浜が美しい姿と風俗で満たされており、甘い追想的な気分にひたれること、就中子供が美味しそうなチョコレートを食べる場面が大写しされたり、主人公が京都へ旅行するのに行列するどころか、出札の窓口でスラスラと切符を手に入れ、今から考えれば嘘みたいに楽な旅行が出来、街頭には木炭車でない綺麗な円タクが流れるように走っている等、遠い異国の夢物語のような楽しさが随所に溢れていること等がヒットの原因に数えられている。(18)

終戦後の劣悪きわまる生活難のなかで、人々は『愛染かつら』に描かれた「遠い異国の夢物語」のような戦前の日本にしばしの楽しさを求めたのである。現実の状況が劣悪であればあるほど、人々の映画への熱狂は高まるばかりだった。このように、敗戦で受けた心の痛手を映画で癒やそうとする人々で地方都市の映画館は活況を呈していると、「佐賀新聞」は次のように報じている。

最近の県下映画街は心の糧を求めてヨリ良き映画を漁る人ばかりではなく、戦時中飢えきっていた映画への憧れを満たし、敗戦で受けた心の痛手を癒そうとする人々で近年にない活況を呈し、各館とも記録的な入場者数を挙げている。(19)

ただ、佐賀では、終戦時の混雑やフォルムのプリント不足、輸送などの問題で、この年は新封切り自体が『花婿太閤記』(監督：丸根賛太郎、配給：大映、一九四五年)、『別れも愉し』(監督：田中重雄、配給：大映、一九四五年)、『北の三人』(監督：佐伯清、配給：東宝、一九四五年)の三本だけにとどまり、[20]結局『そよかぜ』は上映されなかったようである。

鹿児島や佐賀の例でわかるように、せっかくの映画熱の復活にもかかわらず、地方では映画館自体の焼失やフィルムのプリント不足などで、そもそも『そよかぜ』がまったく上映されなかった都市のほうが多く、上映された場合でも一、二館程度にすぎなかった。

このように、封切り状況からみるかぎり、『そよかぜ』は、東京でも地方でも、大ヒットといえるような状況とはほど遠かったことがわかる。

では、実際に『そよかぜ』を見た観客はどのような反応を示したのだろうか。

5　とりえは「リンゴの唄」のリズムだけ

封切り直後に『そよかぜ』を見たという感想がいくつか残っているが、それらを読んでも、先にみた新聞の映画評とまったく同じような酷評ばかりである。

「同好会々誌」と題するガリ版刷りの雑誌に掲載された映画評は、封切り直後に書かれた日記体のものである。

十月十二日　金曜日　晴

新宿東宝劇場で佐々木康演出の「そよかぜ」見る。昭和十年前後の欧米の低俗音楽映画を再び見せつけられる様な気がする。

レヴュー劇場の照明ガールが歌がうまくて認められスターになるという、ありきたりのテーマにとってつけた急ごしらえの軽薄なキザっぽさとアメリカニズムの明朗さとをはき違えている。これで民主主義や自由主義に映画も好転したなんと思ったら大間違いである。それに画面がレヴュー物としてガサツできたならしい。敗戦後の急ごしらえとはいえ、もう少しこの種のものならセットの組み方もありそうなものだ。（略）活気なき映画界に少なくとも迫力ある企画とシナリオが欲しい。この映画のとりえといえば並木の歌う（リンゴの歌）のはりきったリズムだけであろう。(21)

この投書者のバックグラウンドはよくわからないが、テーマの陳腐さや映像の拙劣さを「敗戦後の急ごしらえ」と感じ取っているようだ。また、この映画のなかにアメリカニズムの影響を一般の人も感じていたことは注目される。

もう一つ歌に関して、「リンゴの唄」が観客に強い印象を残していたことに注目したい。「この映画のとりえといえば並木の歌う（リンゴの歌）のはりきったリズムだけであろう」と特筆されているように、映画『そよかぜ』自体は非常な酷評にさらされた映画ではあったが、そこで歌われた「リンゴの唄」はそのリズム感で観客に強くアピールしたことがわかる。そして、それがその後の流行につながっていく。実際にも、次章で紹介するように、並木がラジオで「リンゴの唄」を歌うようになる以前から、早くも「リンゴの唄」の人気が出始めていた例を当時の回想などにみることができる。これは映画の影響によるもので、映画を見た人から歌が口づてで広まっていったものと思われる。

その意味で、「リンゴの唄」の最初のメディアとなったこの映画が酷評にもかかわらず、また人気が出なかったとしても、歌の流行の創出に一定程度の重要な役割を果たしていたことが理解できる。

6　高見順も「全くひどいもの」

次にあげる例は、作家の高見順の『敗戦日記[22]』である。高見は、戦争末期に鎌倉在住の文士たちによって設立された貸本屋の鎌倉文庫に参加していたが、鎌倉文庫は終戦後の九月に東京で出版社として再発足した。高見は鎌倉文庫の重役として、この時期、事務所があった丸ビルにしばしば出勤していた。

高見は十月二十四日もいつものように事務所に出勤した後、国木田虎雄と一緒に銀座へ出かけて、『そよかぜ』が上映されていた全線座に入った。先ほど紹介した封切り日程でみると、全線座は紅系に属し、二十四日は封切り最終日だった。なお、国木田虎雄は国木田独歩の息子で、この時期同じく鎌倉文庫に関わっていた。次の引用の会話の相手は国木田である。

十月二十四日

全線座の前へ行って、不意に映画でも見ようかという気になった。映画というものをもうどのくらい見ないだろう。映画というものをもう忘れてしまった。以前は一週に少くとも一回は見ていた。毎日試写を見続けるということもあった。――「そよかぜ」という題である。

「どういう映画なのかね」というと、

「ひどいものらしい。日本映画はもうだめだとQ（註＝津村秀夫）が憤慨していた」

「どのくらいひどいものか、ためしに見てみよう」

ちょうどはじまったところだ。二階へ行った。椅子席は満員だが、うしろの立見席はあいている。もとは、こんな時間だったら、立見席も寿司詰めだったものだがとそんなことを思い出しながら、立見席に入った。

いや全くひどいものだった。レビュー劇場の三人の楽手が照明係の娘に音楽的才能のあるのを見て、これをスターに育てあげるという筋。筋も愚劣なら、映画技術も愚劣の極。いつの間に日本映画はこう退化したのだろう。(23)

高見のこの日記は映画『そよかぜ』の反響について、私たちにいくつかのことを教えてくれる。まず新聞の映画評の影響力の強さである。会話に出てくるQというのは、先に引用した「朝日新聞」の映画評で「ムシズが走る」と『そよかぜ』を酷評した人物だが、『敗戦日記』の編者は映画評論家だった津村秀夫と注記している。Qに言及しているのは国木田のほうで、国木田はQ＝津村秀夫と個人的にも親しかった可能性もあるが、新聞を読む習慣をもつ人々の間では、「ひどいもの」という映画評がかなり広まっていたことがうかがわれる。

次に観客席の様子から、『そよかぜ』があまりヒットしていなかったことがみてとれる。高見はしばらく映画を見ていなかったため、戦前との比較になるが、通常であれば立ち見席まですし詰めになる時間帯でありながら、立ち見席は空いていたという。『そよかぜ』の動員力が弱かったことを立ち見席の様子が示唆している。

高見自身の感想も「愚劣」の一言である。高見はさらに、これに続く文章で、かつて南方で見た土着民の軽薄な音楽映画を思い出し、進駐軍のアメリカ兵が、アメリカの音楽映画の醜悪な模造品のようなこの恥ずかしい映画を見たら、どんな感じをもつだろうかと想像して、何ともいえない切なさに胸を痛めたと述べている。「私の心から悲しみは去らなかった。私の心は傷つけられたのである。そう簡単に傷はなおらないのであった」[24]とまで書いている。戦後最初の音楽映画は、高見の心にトラウマ的な傷を残す結果になった。

以上、映画館で『そよかぜ』を実際に見た人の感想をみてきたが、これらの例からだけでも、『そよかぜ』という映画が観客からもほとんど支持されなかったことがわかる。スター誕生というストーリーの陳腐さ、アメリカニズムの影響などを観客は感じ取っている。ただ、そのなかで唯一、並木路子が歌う「リンゴの唄」が強い印象を残したことはたしかである。

7　『そよかぜ』は本当にGHQの検閲第一号か

『そよかぜ』はこれまで「GHQの検閲第一号」とされることが多かった。実際に当時の新聞にも、「連合軍の検閲許可マークを付けた最初の劇映画」[25]と書いてあったりする。また、並木路子自身も『「リンゴの唄」の昭和史』で、次のように述べている。

そんなふうにしてできあがったフィルムを、GHQの検閲を受けるために、松竹の幹部と万城目先生が司令部に持っていったのですが、なんでもマッカーサー司令官が初めから終わりまで見ていて「いい映画だね。これはスター誕生だ」と言ったとか。ですからノーカットで、検閲済みの第一号。日本にとっての戦後第一号の映画ともなったのでした。[26]

しかし、実際には、この映画はGHQの検閲をまぬがれた可能性が高い。それを検証するために、終戦から占領初期にかけてのマスメディア界の動きを追ってみよう。

GHQによる統制はまず新聞社・出版社を対象にして、九月十九日にプレスコードが発表され、連合国や占領軍を批判する記事が禁止された。その後、九月二十二日には、放送局を対象に同様のラジオコードが発表される。

映画に関しては、終戦直後はまだGHQの統制方針がはっきりしていなかったこともあって、終戦直前に完成していた映画『伊豆の娘たち』（松竹）、『花婿太平記』（大映）、『別れも愉し』（大映）の三本がそれぞれ八月三十日と九月十三日にそのまま公開され、戦後最初に封切られた日本映画になった。[27]その後、九月二十二日にCIE（民間情報教育局）が映画製作方針を表明する。すなわち、映画関係者を集めて、①軍国主義の撤廃、②自由主義的傾向の奨励、③世界の平和と安寧の創造、の三大方針と映画の内容細目について説明があった。[28]

この九月二十二日という日付に注目したい。というのも、先にみたように、佐々木監督が大船撮影所長の大谷から新作映画の製作を命じられたのは八月二十五日のことであり、それから一週間で脚本を仕上げさせ、早くも九月初めから撮影にとりかかっているからである。すなわち、CIEの映画製作方針発表の一カ月近くも前に、見切り発車的に映画製作に乗り出していたことがわかる。

さらに、『そよかぜ』の封切り日の十月十一日にも注目したい。平野共余子によれば、ＣＩＥによる映画の検閲が始まるのは十月初旬であり、内容としては映画の企画書と脚本の事前検閲として始まったという。[29] しかし、すでに完成して封切り直前の『そよかぜ』に関しては、時期的にこの脚本の事前検閲はなかったものと考えられる。また、有山輝雄が紹介しているＰＰＢ（新聞映画放送課）の「月例作戦報告」によれば、映画などの視聴覚資料の検閲統計は十月二十一日分からの集計となっている。[30]

これらのことを考え合わせると、『そよかぜ』封切り日の十月十一日は、ＧＨＱの映画検閲制度がまだ本格的に立ち上がっていない時期だったと考えられる。『そよかぜ』は実際にそのまま問題なく封切られている。

佐々木監督自身は、『楽天楽観映画監督佐々木康』で、『そよかぜ』はＧＨＱ検閲第一号の映画だったと簡単に述べてはいる。[31] しかし、『そよかぜ』の次の作品『新風』（監督：佐々木康、配給：松竹、一九四五年十二月十三日封切り）の際には、事前に提出して合格した脚本と違う場面があるということで、ＣＩＥのデビッド・コンデからこってり絞られたと回想しているが、[32]『そよかぜ』については検閲の具体的な様子は一切ふれていない。検閲第一号ということであれば手続きなどを含めていろいろ印象に残ることが多かったはずだが、まったくふれていないのは、実際には検閲を受けなかったためではないだろうか。

この点に関して、「戦後第一作の「そよかぜ」は検閲を逃れた作品だった[33]」とすでに指摘している本もある。結論として、『そよかぜ』は製作時期が早く、GHQの映画検閲制度が本格的にスタートする前の製作・封切りだったという時期的な要因によって、事前の脚本検閲とのちに始まった完成後の検閲のいずれもまぬがれたとするのが妥当だと思われる。

8 音楽映画が相次ぐ

以上の経緯からもわかるように、占領軍の映画製作方針が打ち出される前に早くも松竹は映画製作に乗り出していたが、その際に無難な題材として選ばれたのが音楽映画だった。音楽映画を選ぶこのような傾向はほかの映画会社でも同様であり、東宝も同じ時期に『歌へ!太陽』(監督:阿部豊、配給:東宝、一九四五年)を製作している。その撮影風景について、先に引用した『私の昭和映画史』で廣澤榮は次のように回想している。

敗戦直後の九月にクランクインした映画に私はついたが、その映画の内容は戦争とか敗戦についてみごとなほどふれていない。焼跡にロケーションした。崩れはてた廃墟に立った轟友起子が鳥肌がたつような寒々しいイブニング姿でラララ……と歌った。その胸がむかつくしらじらしい風景が敗戦そのものの景色であった。そのころ撮影所長、森岩雄によって《NEW FACE,

NEW PLOT, NEW TREATMENT》という標語がかかげられた。つい昨日まで戦意昂揚映画をつくっていたが、今日から民主主義のスタジオへと看板の掛け替えであった。その変り身の早さはただ啞然とするばかりであった。[34]

『歌へ！太陽』は、菊田一夫原作・阿部豊監督のやはりレビュー劇場を舞台にした映画である。榎本健一と灰田勝彦、さらにここで「ラララ……」と歌っている轟友起子が共演していて、広告では「東宝明朗音楽篇」とうたっている。十一月二十二日から東京では日本劇場、帝都座をはじめとする白系の七館で封切られた。

それにしても、この音楽映画に関しても、『そよかぜ』の「ムシズ」評と同様に、製作者自身が「胸がむかつくしらじらしい風景」と評している。焼け跡を背景にした音楽映画は、当時の現実から大きく遊離した「しらじらしい」映画とならざるをえなかったことは共通しているようである。

松竹のほうはその後も、一九四六年（昭和二十一年）の正月映画として、高峰三枝子と水の江滝子の主演によるレビュー映画『グランドショウ１９４６年』（監督：マキノ正博、配給：松竹）を製作し、年末に封切っている。

これらの音楽映画では、さまざまな歌が作られ歌われたわけだが、その後も歌い継がれて現在にまで伝えられてきた歌は「リンゴの唄」だけである。それには、先に引用した映画評に、「この映画のとりえといえば並木の歌う（リンゴの歌）のはりきったリズムだけであろう」とあるように、マーチ風の軽快なメロディーと単純明快な歌詞とが見事にマッチした歌それ自体の魅力という側面が大きかったことはたしかである。

しかし、「リンゴの唄」がたしかにいい歌だったとしても、先に映画の上映状況でみたように、映画『そよかぜ』は東京の主要館ではわずか二週間程度しか上映されていなかった。また、地方でも、戦災による映画館の焼失などのために上映館はわずかな数にとどまった。実際に映画館で『そよかぜ』を見た観客数はきわめて少なかったのである。また、「リンゴの唄」のレコードが発売されるのは翌年の一月まで待たなければならない。

では、「リンゴの唄」の流行に大きく貢献したものはなんだったのだろうか。それはラジオだった。

注

(1) 万城目正「流行歌と歌詞――リンゴの歌作曲苦心談」「音楽之友」一九四七年六月号、音楽之友社、四二ページ

(2) 前掲『楽天楽観映画監督佐々木康』一四七ページ

(3) 前掲「流行歌と歌詞」

(4) 若林宣氏の「Twitter」による。

(5) 清水晶『戦争と映画――戦時中と占領下の日本映画史』社会思想社、一九九四年、一四〇ペー

ジ

（6）川田正子『童謡は心のふるさと』東京新聞出版局、二〇〇一年、七八―七九ページ
（7）前掲『「リンゴの唄」の昭和史』一四二ページ
（8）前掲「リンゴ余談」
（9）「読売新聞」一九九一年三月三十一日付
（10）前掲『楽天楽観映画監督佐々木康』一四五ページ
（11）「読売新聞」一九四五年九月十七日付
（12）「同好会々誌」一九四五年十二月号、映画ト演劇同好会、一四ページ
（13）ＮＨＫ「あの日 昭和20年の記憶」取材班編『あの日 昭和20年の記憶――終戦60年企画』下、日本放送出版協会、二〇〇六年、三九八―三九九ページ
（14）前掲『楽天楽観映画監督佐々木康』一四五―一四六ページ
（15）前掲『戦時下の日本映画』一六九ページ
（16）「朝日新聞」一九四五年十月五日付
（17）唐鎌祐祥『かごしま映画館１００年史』南日本新聞開発センター、二〇一七年、一四五ページ
（18）「東京タイムズ」一九四五年十二月二十一日付
（19）「佐賀新聞」一九四五年十一月十日付
（20）「佐賀新聞」一九四五年十月五日付
（21）「同好会々誌」一九四六年一月号、映画ト演劇同好会、五―六ページ
（22）高見順『敗戦日記』（中公文庫）、中央公論新社、二〇〇五年

(23) 同書三八三―三八四ページ
(24) 同書三八六ページ
(25) 「東京新聞」一九四五年十月十五日付
(26) 前掲『「リンゴの唄」の昭和史』一三七ページ
(27) 岩本憲児編『占領下の映画――解放と検閲』(「日本映画史叢書」第十一巻)、森話社、二〇〇九年、九―一〇ページ
(28) 前掲『戦争と映画』一五六―一五八ページ
(29) 平野共余子『天皇と接吻――アメリカ占領下の日本映画検閲』草思社、一九九八年、六三―六四ページ
(30) 有山輝雄『占領期メディア史研究――自由と統制・1945年』(ポテンティア叢書)、柏書房、一九九六年、二二二ページ
(31) 前掲『楽天楽観映画監督佐々木康』一四五ページ
(32) 同書一四八ページ
(33) 朝日新聞学芸部編『戦後芸能史物語』(朝日選書)、朝日新聞社、一九八七年、七ページ
(34) 前掲『私の昭和映画史』一六三ページ

第3章　「リンゴの唄」、ラジオで人気沸騰する

1　新聞のラジオ欄と並木路子

終戦後の回想を読むと、ラジオから頻繁に流れてくる「リンゴの唄」を聴いたという体験談がしばしば登場してくる。では、「リンゴの唄」はいったいいつからラジオで歌われ始めたのだろうか。このような素朴な疑問を抱き、調べ始めてみて驚いた。戦後史や昭和歌謡史を扱った無数の本のどこにも、そのことが書かれていなかったのである。そもそも「リンゴの唄」がラジオでどのように放送されたのか、その全容を知りたいという問題意識自体がこれまで存在していなかったのだろう。

ただ、例外的に、並木路子がリンゴを投げながら「リンゴの唄」を歌ったという一九四五年（昭和二十年）十二月十日の『希望音楽会』（ＮＨＫラジオ、一九四五―四八年）については同じような記述がある。しかし、それが最初のラジオ出演であるのかどうかさえわからなかった。

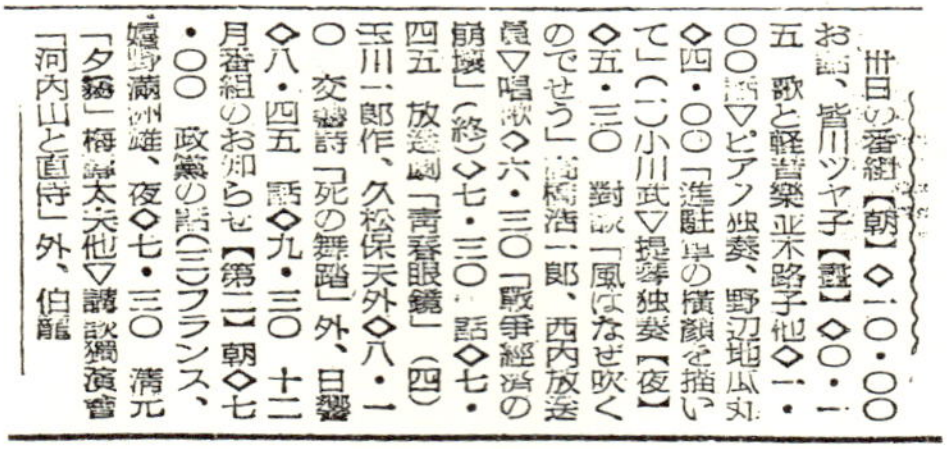

卅日の番組【朝】◇一〇・〇〇お話、皆川ツヤ子【晝】◇〇・一五 歌と輕音樂並木路子他◇一・〇〇話▽ピアノ独奏、野辺地瓜丸◇四・〇〇「進駐軍の横顔を描いて」（一）小川武▽提琴独奏【夜】◇五・三〇 對談「風はなぜ吹くのでせう」高橋浩一郎、西内放送員▽唱歌◇六・三〇「戰爭經濟の崩壞」（終）◇七・三〇 話◇七・四五 放送劇「青春眼鏡」（四）玉川一郎作、久松保天外◇八・一〇 交響詩「死の舞踏」外、日響◇八・四五 話◇九・三〇 十二月番組のお知らせ【第二】朝◇七・〇〇 政黨の話（三）フランス、嬉野滿洲雄、夜◇七・三〇 清元「夕霧」梅壽太夫他▽講談獨演會「河内山と直侍」外、伯龍

図5　ラジオ欄の例
（出典：「東京新聞」1945年11月30日付）

三〇日の番組【朝】◇一〇・〇〇 お話、皆川ツヤ子【昼】◇〇・一五 歌と軽音楽並木路子他◇一・〇〇話▽ピアノ独奏、野辺地瓜丸◇四・〇〇「進駐軍の横顔を描いて」（一）小川武▽提琴独奏【夜】◇五・三〇 対談「風はなぜ吹くのでせう」高橋浩一郎、西内放送員▽唱歌◇六・三〇「戦争経済の崩壊」（終）◇七・三〇 話◇七・四五 放送劇「青春眼鏡」（四）玉川一郎作、久松保天外◇八・一〇 交響詩「死の舞踏」外、日響◇八・四五 話◇九・三〇 十二月番組のお知らせ【第二】朝◇七・〇〇 政党の話（三）フランス、嬉野満洲雄、夜◇七・三〇 清元「夕霧」梅寿太夫他▽講談独演会「河内山と直侍」外、伯龍

では、「リンゴの唄」の放送履歴について知るにはどのような方法があるだろうか。最も簡単な方法は新聞のラジオ番組欄（以下、ラジオ欄と略記）を調べることである。新聞各社のラジオ欄はどこも似たり寄ったりだが、ここでは「東京新聞」を調査した。

ただし、現在でも同様だが、新聞のラジオやテレビの番組欄はすべての出演者名を網羅しているわけではなく、ほんの一部しか掲載されていない。にもかかわらず、後述するように、並木路子の出演記録をかなり拾い出すことができた。これは、並木路子が当時人気上昇中の注目株だったから、番組欄に採録されやすかったためだろう。ただ、それでも、すべてを網羅してはいないことに留意する必要がある。

さて、調査の結果、並木路子の名前が最初にラジオ欄に登場してくるのは一九四五年（昭和二十年）の十一月三十日である。その番組欄を再現してみよう（図5）。なお、当時のラジオ放送はNHKだけで、民放のラジオ放送が始まるのは五一年（昭和二十六年）からである。したがって、以下の番組名はすべてNHKラジオのものである。

『進駐軍の横顔を描いて』とか『戦争経済の崩壊』といった当時の世相をほうふつとさせる番組名に交じって、昼の十二時十五分からの『歌と軽音楽』に並木路子の名前が登場している。これが調べたかぎりでの戦後のラジオ欄への並木路子の初出である。おそらくここで「リンゴの唄」を歌ったものと思われる。

そして、これをきっかけにして、並木路子はその後も継続的にラジオ出演を重ねている。終戦の年から翌年の初めにかけて、並木が出演した番組をリストアップしてみた（表1）。

ただし、戦前の一九四一年（昭和十六年）にも一度並木の名前が登場している。これは並木が当時所属していた松竹少女歌劇団の一員として出演したときのものと思われる。「読売新聞」からの情報だが、これも採録しておこう。

2　並木路子のラジオ出演履歴

新聞のラジオ欄の調査によって、並木の出演履歴をある程度跡付けることができた。表1からわかるように、並木はこの年の十一月から翌年にかけての半年弱の間に、おもに『歌と軽音楽』という番組を中心に、計十回ほどラジオに出演している。

この点について、一九四六年（昭和二十一年）の「東京新聞」[1]には「パッと売出した人気者（1）〝リンゴの唄〟の並木路子」と題する記事のなかで、「昨秋以来最近までの僅か三ケ月のあいだに、放送でリンゴの唄をうたう事既に八回」とある。二月十七日付の記事なので、ちょうど二月三日までのリストの回数と合致している。

ただ、この回数は思ったほど多くない印象を受ける。三カ月間に八回ということは、一週間に一回にも満たない出演回数である。実際にもこの程度の回数しか出ていなかったのだろうか。ラジオから頻繁に「リンゴの唄」が流れてきたという終戦後の回想から得られるイメージとは、かなりかけ離れた印象を受けるのはたしかである。

前述したように、新聞のラジオ欄はすべての出演者名を載せているわけではないし、また、当時の新聞の紙面は用紙不足のため、わずか二ページしかなく、ラジオ欄にも非常に小さなスペースし

表1　並木路子のラジオ出演履歴

1941年（昭和16年） 5月31日 昼0:05『職場向　軽音楽』【独唱】暁照子、**並木路子**、春海みつる【合唱】松竹少女歌劇女声合唱隊
1945年（昭和20年） ①11月30日 昼0:15『歌と軽音楽』**並木路子**ほか ②12月2日 夜8:30『歌と軽音楽』**並木路子**、新太平洋楽団 ③12月10日 夜7:30『希望音楽会』（飛行館より）吉野章楽団、**並木路子**、市丸、波岡惣一郎 ④12月16日 夜8:30『歌と軽音楽』「**りんごの歌**」**ほか、並木路子**、ニューパシフィックバンド ⑤12月31日 夜10:20『紅白音楽試合』水の江、小夜、芦原、大谷、長門、川崎弘子、高峰秀子、**並木**、松原操、二葉、ベティ稲田、緑波、藤原、平岡、蘭童、松平、霧島、楠木、ディック・ミネ、三亀松、桜井潔楽団ほか
1946年（昭和21年） ⑥1月11日　第二放送 夜8:30『歌と軽音楽』空あけみ、**並木路子**、後藤資公楽団 ⑦1月27日 夜8:30　軽音楽、**並木路子**、ニューパシフィックバンドほか ⑧2月3日 昼2:00『通信戦士慰安の午後』（中央送信局より）和田肇、円歌、**並木路子**ほか （2月11日） 夜8:00『農家へ送る夕』１『ニュースとメモ』、２『農村の婦人へ』伊藤律、３『歌謡曲』「**リンゴの唄**」ほか、豊島珠江ほか、４ 放送劇『桃咲く頃』娘（相馬千恵子）、父（見明凡太郎）、母（平井岐代子）ほか ⑨2月23日 夜6:00『四葉物語』サトウ・ハチロー作、**並木路子**、波岡惣一郎ほか ⑩3月11日 夜8:00『農家へ送る夕』１『農民が民主議会に望むこと』茨城農民組合井田賢一、２ 放送劇『恋はやさし』新吉（高倉彰）、静子（風見章子）、正坊（杉幸彦）ほか、３『歌と軽音楽』**並木路子**ほか

か与えられていない。そのため、実際に並木が出演していても、ラジオ欄に記載されておらず、これ以外にも出演していた可能性が大いに考えられる。この点を確認するため、今度は並木が書き残した回想録を調べることにする。並木は自らのラジオ出演について、どのように語っているのだろうか。いつごろから、またどのくらいの頻度でラジオに出るようになったのだろうか。

3　並木路子の回想

並木は二〇〇一年に亡くなるまでに、さまざまな回想録を残している。最もまとまったものは、単行書として一九八九年に出版した『「リンゴの唄」の昭和史』である。このなかでは、当時はまだ録音技術が発達していなかったために、そのつど生放送で歌ったと書いているが、ラジオ出演の経緯については詳しくふれていない。[2]

雑誌などに掲載された並木の回想をいくつか調べているうちに、「SUBWAY」という雑誌に掲載された「SSKと「リンゴの唄」」と題する短い記事のなかで、その経緯について書いているものが見つかった。

その頃はNHKしかありませんでしたが、私のステージをNHKのプロデューサーが見に来られて、「今週の明星」に出演させることに決まりました。当時、私は歌劇の生徒でしたから、話し合いはNHKと歌劇団の間で行われ、週一回出演が決められたのです。(3)

NHKのプロデューサーが並木のステージを実際に見にきてから、週一回のラジオ出演が決まったという。ここで並木が言及している「私のステージ」とは、ほかの回想によれば、浅草の大勝館で森川信の新青年座に松竹舞踊隊と一緒に特別出演した舞台のことを指している。その初日から数日後にプロデューサーが客席でこっそり聴いていたという。(4)新聞広告では、舞台は十一月三日から二十日まで興行しているので、プロデューサーが見にきたのは十一月上旬ごろだったと思われる。

ちなみに、当時十七歳だった漫画家の小島功は、この大勝館での並木のステージを実際に見ていて、その様子を次のように回想している。

サトウハチローが作った「リンゴの歌」なんてたいした歌じゃないんだけど、ものすごくみんな夢中になってた。嬉しかった。並木路子。大フィーバーしてたね。歌だけでもっていっぱいになっちゃうんだもん、すごいですよ。当時、大勝館っていう大きな劇場なんですよ、浅草でも。洋画を主にするちょっとしゃれた映画館で、そこがいっぱいになっちゃうんですよ。彼女が来て歌うだけで。一人ですよ。それでウワーっていっぱいになっちゃう。(5)

このような大勝館での人気ぶりを目の当たりにして、NHKのプロデューサーは早速並木のラジオ出演を決めたのだろう。小島の回想でもう一つ注目に値するのは、この大勝館のステージは、並木がラジオで「リンゴの唄」を歌い始める以前のものだったが、早くも「リンゴの唄」の人気が出始めていたことである。前述したように、これは映画『そよかぜ』がその酷評にもかかわらず、歌の流行に一定程度貢献していたことを示している。

ただ、引用文中で並木があげている『今週の明星』(一九五〇―六四年)は、時期的にもう少し後の一九五〇年(昭和二十五年)から始まった人気番組なので、番組名については並木の記憶違いではないかと思われる。先に紹介した並木の出演リストに『歌と軽音楽』という番組が毎週のように出てくることから、週一回の出演が決まったのは、この『歌と軽音楽』だった可能性が高い。

以上、並木路子のラジオ出演の経緯をまとめると、次のようになる。

・十月十一日　映画『そよかぜ』封切り。
　「リンゴの唄」が評判になる。
・十一月三―二十日　大勝館の森川信一座に並木路子が特別出演して、人気となる。
　初日から数日後に、NHKのプロデューサーが舞台を実見して、並木の出演を決める。
・十一月三十日　『歌と軽音楽』に並木路子が出演し、並木のラジオデビューとなる。
　以後、毎週一回、『歌と軽音楽』に出演する。

したがって、並木のラジオデビューは、やはり先に新聞のラジオ欄で紹介した十一月三十日ということで間違いない。そして、出演頻度は、実際にも週一回程度だったことがわかる。

4 『砕かれた神』の衝撃

ここまで調べてきて概要がわかったと思っていたとき、ある本の一節を目にして大きな衝撃を受け、調査はまた振り出しに戻ってしまった。渡辺清の『砕かれた神』がそれである。その一節は、実は本書の「はじめに」ですでに引用したが、再度引用してみよう。

十一月七日

最近『りんごの歌』が大流行だ。どこへいっても耳にしないことはない。演芸会でも必ず歌われるというし、ラジオでもちょいちょい放送している。だがおれはこの歌はだい嫌いだ。戦争に敗けてなにが「可愛いやりんご」だ。べたべたしたその甘ったるい節まわし、聞くだけでもこっちが小馬鹿にされているようで、けったくそが悪い。(6)

「リンゴの唄」に対する反感を示す資料としてすでに紹介したものだが、ここで注目したいのはこの日記の日付である。十一月七日となっている。これまでの調査で、並木路子のラジオデビューは十一月三十日という結論に達していたのだが、それよりはるか以前に、「リンゴの唄」は「ラジオでもちょいちょい放送」されていたと、この日記の筆者は証言しているのである。どういうことだろうか。

可能性としては、前述したように、新聞のラジオ欄はスペースの関係で情報の取捨選択があるため、実際に出演していても、並木の名前を省略したケースが考えられる。しかし、問題は並木の回想である。NHKのプロデューサーが浅草大勝館での舞台（十一月三―二十日）を十一月上旬ごろに見てから並木の出演を決めたというこの回想に無理はない。したがって、舞台初日から数日後の十一月七日に「ラジオでもちょいちょい放送している」という事態にはなりえないように思われる。

しかし、『砕かれた神』は日記である。回想と違って、日記はその日の事実をそのまま書き記すスタイルなのだから、この日記についても、それを事実の反映とみないわけにはいかない。すなわち、この日記は、これまで掘り起こしてきた以外にも、「リンゴの唄」のラジオ放送がまだまだ存在していたことを物語っているのである。

一つ考えられるのは、映画とのタイアップである。この点については、片岡義男が『歌謡曲が聴こえる』で、「映画の公開に合わせて、『リンゴの唄』は宣伝のために頻繁に放送された(7)」と指摘している。

映画とのタイアップというこの手法は、実際にも、ほぼ同じ時期に公開された東宝の音楽映画『歌へ！太陽』で使われている。すなわち、封切り前日の一九四五年十一月二十一日のラジオ欄に、午後四時から『映画中継―東宝試写室より―「歌へ太陽」』と題された番組名が載っているのだ。詳しい内容はわからないが、これと同様のタイアップ手法が『そよかぜ』の場合にも使われた可能性は考えられる。しかし、ラジオ欄からはそれが確認できなかった。ラジオ欄以上のより詳しい資料はないのだろうか。

こうして、「リンゴの唄」のラジオ放送の実態解明は行き詰まってしまったのである。これで万事休すかと思ったところ、意外なところからまた新たな手がかりが見つかった。

5　『洋楽放送記録』と『放送番組確定表』という資料

新たな手がかりは、武田康孝の「昭和20年の音楽放送検討[8]」と題する論文から見つかった。この論文は終戦の年にラジオで放送された音楽番組の傾向や番組内容、出演者などをきわめて詳細に調べたものだが、その際に、『洋楽放送記録』（NHK放送博物館所蔵。以下、『記録』と略記）という資料を利用している。論文によれば、この『記録』には洋楽だけではなく、邦楽や歌謡番組の情報も記録されているという。新聞のラジオ欄以上に詳しい番組の記録が存在していたのである。

この『記録』こそ、まさに探していた資料にちがいないと思った。音楽番組の出演者まで詳細に記録されているということは、並木の出演記録をそこに見つけることができるかもしれない。この『記録』は愛宕山にあるNHKの放送博物館に所蔵されているというので、早速閲覧の事前申請に出かけた。

さて、閲覧の許可を得て実際に手に取って閲覧した記録カードは、番組単位で作成されたA5判ほどの大きさのもので、放送日時と番組名の下に演奏者と曲目が手書きで記入されている。年単位で製本されていて、閲覧しやすい。

早速調査にとりかかったが、すべての音楽番組が網羅されているわけではないことがすぐにわかった。たとえば、先に取り上げた並木路子が最初に出演したと思われる十一月三十日の『歌と軽音楽』のカードはなかった。これには少々がっかりしたが、実は武田論文にはもう一つ別の資料が紹介されている。『放送番組確定表』(放送博物館所蔵。以下、『確定表』と略記)がそれである。こちらも同じ放送博物館に所蔵されているので、あわせて調査することにした。

なお、『確定表』は名前のとおりNHKラジオ番組の最終的な確定リストであり、一日単位で時間軸に沿ってその日の番組名と出演者を列記した資料である。こちらは手書きではなく印刷されたもので、この『確定表』が新聞社に提供され、それをもとに新聞社ではラジオ欄を作成していく。したがって、新聞のラジオ欄の元データとなったのが、この『確定表』である。

『確定表』には番組名だけが記載されている場合が多く、出演者や曲名の詳細については簡単な記載にとどまるケースも少なくない。他方、『記録』のほうは出演者などがかなり詳細に記載されているが、採録されていない番組自体もかなり多く存在している。したがって、両方のデータを併用して、そのうえで全体像を捉えるという手法が最も効果的な調査方法になる。ただし、それでも、カバーできない番組が相当数残ることは念頭に置く必要がある。

6 「リンゴの唄」の放送形態の多様性

では、調査した結果、「リンゴの唄」の放送履歴は明らかになったのだろうか。並木路子が最初にラジオデビューしたと思われる十一月三十日以前にも、「リンゴの唄」は「ラジオでもちょいちょい放送」されていたのだろうか。

残念ながら、「リンゴの唄」の放送履歴のすべてを解明するには至らなかった。また、映画とのタイアップについても確認できなかった。これは、前述したように、この二つの資料を併用しても、すべての番組の出演者や曲目の詳細をカバーできないことによるものだろう。

しかし、そのかわりに、「リンゴの唄」の放送形態に関して、これまでの先入観をくつがえすようないくつかの新しい情報を発見することができた。

「リンゴの唄」の放送形態としてこれまで想定してきたのは、並木路子が「リンゴの唄」を歌うという一つの形態だけだった。しかし、資料調査の結果から明らかになってきたのは、これ以外のさまざまな組み合わせが当時は存在していたことである。

まず、「リンゴの唄」は並木以外のほかの歌手も盛んに歌っていて、楽器演奏でも取り上げられていた。他方、並木路子に関して驚いたのは、「リンゴの唄」以外にもさまざまな歌を歌ったり、さらには、司会や解説まで担当したりしていたことである。

7 ほかの歌手も「リンゴの唄」を歌う

「リンゴの唄」は並木路子だけではなく、ほかの歌手たちも歌っていた。その最初の例は霧島昇である。霧島は映画『そよかぜ』で並木と一緒に歌い、翌年に発売されるレコードでも並木とデュエットしているが、さらにラジオでも一人で歌っていたことがわかった。

霧島が「リンゴの唄」を歌ったのは十一月十日の『農村へ送る夕』である。なお、以下、ラジオ番組の紹介に際しては、なるべく資料の記載をそのまま再現することにする。当時の番組内容を知るうえで貴重な情報源であり、新聞などでは得られない詳しい細目が記されているからである。

十一月十日　午後7：35―8：45（『記録』）

『農村へ送る夕』
歌謡曲　霧島昇　宮下晴子
故郷の廃家
宵待草
カロリナの月
そよ風（リンゴの唄）　サトウ・ハチロー詞　2：40分
万城目正作曲
一杯のコーヒーから
誰か故郷を想わざる

曲名は「そよ風」となっているが、「そよかぜ」は仁木他喜雄の作曲なので、ここで歌ったのはカッコ内にある万城目正が作曲した「リンゴの唄」のほうだろう。また、歌ったのは霧島昇で間違いないと思われる。

ここで注目されるのは、十一月十日という日付である。先にみたように、並木が最初に「リンゴの唄」を歌ったと思われるのは十一月三十日だったから、それ以前にすでに別の歌手が「リンゴの唄」を歌っていたことになる。このようなケースはほかにも存在していたと思われるから、『砕かれた神』の復員兵の日記の記述は、こういった並木以外によって歌われた例を指していたのかもしれない。

ほかの歌手が歌った例は、翌年にかけてもいくつか登場してくる。『記録』によれば、二月三日の『通信戦士慰安の午後』では松田トシが歌い、二月十一日の『農村へ送る夕』では豊島珠江が、また三月六日の『スタジオ・コンサート』では藤原亮子が、それぞれ歌っている。

サトウ・ハチローは実際にこれらの番組のいくつかを聴いていて、その感想を書き残している。ただし、やはり並木路子の歌い方がいちばんよかったようで、ほかの歌手については手厳しい評価になっている。


豊島珠江が（略）リンゴの唄を唄ったが、リンゴがいたみかけているようで、すっぱい味がして、どうにもいただけなかった。

松田トシも唄ったが、この方は又、カサカサと汁気のないかわいたリンゴをたべてるようで、ねがいさげにしたい気がした。

リンゴの気持は、並木路子が一番よくわかっているらしい。

もう一度言う。僕は、リンゴの唄を書いていいことをした。それは並木路子が出て来たからだと。(9)


また、「リンゴの唄」は器楽曲として演奏されたケースもいくつか存在している。翌年の例だが、一月二十五日にはミヤタ・ハーモニカ・バンドによるハーモニカ合奏によって、また、三月二日には東京マンドリン宮田楽団によるマンドリン合奏として、それぞれ「リンゴの唄」を演奏している。

このように、「リンゴの唄」は並木以外のほかの歌手によって歌われたり、また楽器によって演奏されたりと、より多彩な放送形態を通じて流れていたのである。

なお、もう一つの主題歌だった「そよかぜ」も、「リンゴの唄」とともにかなりの頻度で歌われていたことがわかった。後述するように、並木が出演したいくつかの歌番組でも、この二曲を同時に歌うケースが多い。これは当初は「そよかぜ」も「リンゴの唄」と同様にそれなりの人気を得ていたことを示唆しているが、その後徐々に忘れられていったものと思われる。

さて、次に並木路子本人に注目してみよう。というのも、先にみたように、新聞のラジオ欄の調査では、並木のラジオデビューはおそらく十一月三十日ということだったが、『記録』と『確定表』を調べた結果、実はこれ以前から並木はラジオに出演していたのである。ただし、「リンゴの唄」はまだ歌っていない。

8　並木路子のラジオデビュー

並木路子が最初にラジオに出演したのは、十一月十三日であった。『確定表』の十一月十三日の項に、並木路子の名前が登場してくる。並木はこの日の夕方に飛行館から中継された『希望音楽会』の司会を担当している。これが現在のところ、戦後の並木のラジオデビューである。

十一月十三日　午後7：00　時報　報道　解説（『確定表』）

『希望音楽会――飛行館より中継』

軽音楽の夕

1　歌と軽音楽　歌　灰田勝彦

新雪・他　軽音楽　南の楽団

編曲指揮　灰田晴彦

2　ギター独奏　古賀政男

影を慕いて・他

3　軽音楽　楽団　南十字星

民謡めぐり

4　歌謡曲　歌　松原操

愛染草紙・他

伴奏　東京放送管弦楽団

司会　並木路子

灰田勝彦や古賀政男といったそうそうたる出演者を相手に、並木は司会を務めている。先に紹介したように、NHKのプロデューサーが浅草大勝館の並木のステージを見にきたのが十一月上旬だったから、その後出演交渉をして実現した最初の番組がこの『希望音楽会』だったものと思われる。

9　『映画スターの午後』の解説者として

その後、並木は解説者としても登場している。十一月二十五日の『映画スターの午後』と題する特別番組では、並木は「歌と解説」を担当している。

この番組は三部構成で、松竹・大映・東宝の各撮影所のスターたちが総出演した豪華な内容である。タイトルからみて、1の「洋服綺談」は芝居、2の「撮影所のひととき」は撮影所内のルポ、3の「東宝行進曲」は歌と芝居といったところだろうか。

十一月二十五日　午後1：00　時報（『確定表』）

『映画スターの午後』

1　洋服綺談　　池田忠夫・作

松竹大船撮影所連中

源七　河村黍吉

みね子　高峰三枝子

とき子　幾野道子

井上　上原謙

加藤　高倉彰

伯父　小杉勇

伯母　岡村文子

歌と解説　**並木路子**

演出　伏見晃

音楽　東京放送管弦楽団

指揮　万城目正

2　撮影所のひととき　大映多摩川撮影所連中

阪東妻三郎

宇佐美淳

（略）

3　東宝行進曲　東宝東京撮影所連中

山根寿子
轟友起子
高峰秀子
（略）

並木が出演している「洋服綺談」の内容についてはよくわからない。出演者のなかに映画『そよかぜ』にも出ていた上原謙と高倉彰の名前がみえるが、ほかの顔ぶれや役名からみても、別の芝居ではないかと思われる。

また、並木の担当は「歌と解説」となっているが、池田忠夫作の「洋服綺談」という芝居の一部であることから、歌を歌ったとしても、この芝居のなかの歌であり、「リンゴの唄」は歌っていなかったのだろう。

いずれにしても、以上の出演記録から、並木路子は歌手として本格的にラジオデビューする以前に、司会や解説者としてラジオ出演していたことを知ることができた。これは、並木が松竹歌劇団で豊富な舞台経験を積んでいた経歴を買われたためだろう。

では、歌手としての並木のラジオデビューはいつだったのだろうか。

10　歌手としての並木のラジオデビュー

並木路子の歌手としてのラジオデビューは、新聞のラジオ欄の調査のとおり、十一月三十日で間違いなかった。『確定表』で調べたところ、この日の『歌と軽音楽』に並木は独唱者として登場してくる。しかし、その内容は予想外だった。並木は「リンゴの唄」を歌っていなかったのである。

十一月三十日　正午　時報　報道（『確定表』）

『歌と軽音楽』

独唱　並木路子　　演奏　ブルークアルテット楽団

1　ペニーセレナード　田中和男
2　星くず　増尾　博
3　恋人よ我にかえれ　松平信一
4　碧空　坂田建吉
5　ミネトンカの湖畔

楽団の演奏をバックに並木は五曲も独唱しているが、そのなかに「リンゴの唄」は含まれていない。歌っているのは、「ペニーセレナード」や「恋人よ我にかえれ」「ミネトンカの湖畔」といった、戦前に流行したアメリカのジャズやポップス系の歌である。

並木は前述のように、松竹少女歌劇団で長く活躍してきていたから、洋楽の素養も十分に身につけていたはずで、そのキャリアを買われて、このような歌を歌ったものと思われる。一見シンプルな「リンゴの唄」の歌い方ではあるが、バックグラウンドにはこういった歌の蓄積があったことを、このラインナップは私たちに教えてくれる。

ただ、そうすると、並木がラジオで最初に「リンゴの唄」を歌ったのは、いったいいつだったのだろうか。

11　初めてラジオで「リンゴの唄」を歌う

並木が「リンゴの唄」をラジオで最初に歌ったのは、その二日後、十二月二日の『歌と軽音楽』でだった。リンゴ投げのパフォーマンスで有名な十二月十日の『希望音楽会』に先立って、すでに「リンゴの唄」を歌っていたのだ。

十二月二日　午後8：30―9：00（『確定表』）

『歌と軽音楽』　**並木路子**　森山久

1　真珠の首飾り
2　谷間の灯
3　カロリナの月
4　横断鉄道風景
5　今宵のねがい
6　**そよかぜ**
7　**リンゴの歌**
8　いつまでも
9　ボルガの船歌

ここに並木とともに名前があがっている森山久は森山良子の父親で、ジャズ歌手やトランペット奏者として活躍した人物である。曲目からみて、森山がジャズナンバーの「真珠の首飾り」（作詞：エディ・デランジ、作曲：ジェリー・グレー）やアメリカ民謡の「谷間の灯」などを歌い、並木が持ち歌である「そよかぜ」と「リンゴの唄」などを歌ったものと思われる。

以上、並木路子のラジオ出演の履歴をまとめてみると、まず十一月十三日に司会として初登場し、次に同じ月の二十五日に映画撮影所を舞台にした芝居で歌と解説を担当する。独唱歌手として登場するのはその五日後の三十日だが、このときはアメリカン・ナンバーを歌い、十二月二日になって、やっと「リンゴの唄」を歌うことになる。

なぜ、このような経緯をたどったのか、いまとなっては確かめるすべもないが、十一月三十日の番組で五曲独唱していることから、並木は豊富な舞台経験に加えて、十分な力量をもった歌手として放送局からも認められていたことがわかる。ただ、その後「リンゴの唄」の人気が沸騰した結果、おもに「リンゴの唄」の歌い手として認識されるようになっていったものと思われる。

そして、「リンゴの唄」の歌い手としての並木像を最終的に確立することになったのが、十二月十日の『希望音楽会』だった。

12　『希望音楽会』に「リンゴの唄」の希望殺到

『希望音楽会』というのは、当時NHKで芸能関係を担当していた発案者の丸山鐵雄によれば、聴取者の声を番組に生かすために、聴取者に呼びかけて投書を募集して要望が多かった曲目や出演者を中心に編成した番組で、番組名はドイツ映画の『希望音楽会』（監督：エデュアルト・ボルソディー、配給：ウーファ、一九四〇年）から借用したという。[10]

番組に先立って投書の募集をアナウンスしたところ大きな反響を呼び、一週間で二千通もの投書が殺到した。投書の内容は最初は純音楽（クラシック）が多く、ベートーベンの『交響曲第五番「運命」』や『第九番「合唱」』『第六番「田園」』、シューベルトの『交響曲第八番「未完成」』、チャイコフスキーの『白鳥の湖』などに希望が集まった。しかし、その後は軽音楽の希望が急増して全体の六割を占めるようになり、残りの三割がクラシック、邦楽が一割といったところだった。

十月から始まった『希望音楽会』は生放送で、最初の数回はスタジオから放送していたが、その後は飛行館からの公開中継が恒例になっていった。飛行館という変わった名前のこのビルは現在の航空会館が立っている場所にあった建物で、名前のとおり飛行機関係の団体が入っていたという。終戦後は内幸町のＮＨＫに近かったため、ＮＨＫのスタジオとして公開放送などによく使われていた。

すでに述べたとおり、『希望音楽会』は最初はクラシックの管弦楽曲が中心だったが、その後は歌謡曲を中心とした「軽音楽の夕」を放送していくようになる。そして、丸山鐡雄の自伝『ラジオの昭和』によれば、この番組に最も多く希望が寄せられた曲が、並木路子の「リンゴの唄」だったという。

当時この番組に最も希望の多かった曲が並木路子の「リンゴの唄」（サトウ・ハチロー詞・万城目正曲）であった。「リンゴの唄」のレコード発売は翌昭和二十一年のはじめであったが、昭和二十年の秋からラジオの歌謡曲の時間ではすでに盛んに放送されていたので、聴取者の耳にはよく親しまれていた。[11]

こうした聴取者の要望に応えて、並木はいよいよ十二月十日の『希望音楽会』に出演することになった。

13　『希望音楽会』への出演

飛行館から中継した『希望音楽会』への出演について、まず並木路子の回想からみていこう。『「リンゴの唄」の昭和史』で、彼女は次のように書いている。

昭和二十年十二月十日、田村町の飛行館スタジオでのＮＨＫラジオの公開録音のときには、たくさんの人たちが参加しました。それこそ、物の乏しい、燃料もないこの冬をどうやって過ごそうかという、敗戦国そのものの生活でしたが、皆さん、眼をキラキラさせて私の歌を聴き、大きな拍手を送ってくださいました。

このとき私は籠にりんごを入れ、それを抱えて客席に下り、りんごを皆さんにくばりながら歌ったのですが、りんごはその頃、貴重品でしたので、会場は大変な騒ぎになりました。一個のりんごが奪い合いなんです。りんごを手にした人は、まるでその年の幸運を摑んだみたいに喜んでいました。反対に、りんごをもらえなかった人は気の毒なくらいがっかりして――。たった一個のりんごで、そんな騒ぎになったのですから、今から考えると、とても信じられないような情景だと思うのですね。

そのときのりんごの値段は一個五円で、月給二十万円という今のお金に換算すると、五千円ぐらいにあたるのだそうです。(12)

リンゴを奪い合う会場の熱気が伝わってくるような記述である。並木のこの回想はその後さまざまな関係書にも引用され伝承されてきているが、これ以上の情報についてはわからなかった。そもそも、希望音楽会に出演していたのは並木一人だったのだろうか。ほかにどのような出演者がいたのだろうか。幸いに、この記録も残されているので、『確定表』から再現してみよう。

十二月十日　午後7：30―8：00

『希望音楽会～軽音楽の夕～飛行館より中継』

1　軽音楽

カルメン・シルバー　指揮　吉野章

吉野章楽団

2　歌　並木路子

伴奏　東京放送管弦楽団

指揮　前田　璣《たまき》

（イ）そよかぜ

（ロ）リンゴの歌

3　歌　市丸

（イ）濡れつばめ

（ロ）さのさ

（ハ）この気持ちわかってね

4　歌　波岡惣一郎

（イ）姿三四郎の歌

（ロ）パリの屋根の下

（ハ）乾杯の歌

このように、並木は市丸や波岡惣一郎といったはるかに先輩の人気歌手たちと一緒に出演していたことがわかる。新人で売り出し中の並木は曲数も二曲と少なく、いわば前座的な位置づけだったから、リンゴを配るというパフォーマンスも許されたのだろうか。

ちなみに、作家の半藤一利は『隅田川の向う側』で、南島から復員してきたいとこが、この『希望音楽会』を聴きにいき、並木路子が舞台から投げたリンゴをうまくキャッチして机に飾っていたというエピソードを紹介している。(13)

なお、並木はその後も十二月十六日に再び森山久らと一緒に『歌と軽音楽』に出演している。『記録』によれば、そこでは、「リンゴの唄」のほかに、「花うり娘」「マリネラ」「ロッキー山に春来れば」といった曲も歌っている。

以上、終戦の年に並木路子が出演したラジオ番組のここまでに判明した履歴をまとめてみた。次に紹介するおおみそかの『紅白音楽試合』(一九四五年十二月三十一日放送)まで含めると、並木は終戦の年に合計七回ラジオに出演し、そのうち四回で「リンゴの唄」を歌ったことになる。

①十一月十三日　ラジオデビュー　『希望音楽会』:司会担当
②十一月二十五日　『映画スターの午後』:歌と解説担当
③十一月三十日　歌手デビュー　『歌と軽音楽』:「ペニーセレナード」ほか
④十二月二日　「リンゴの唄」デビュー　『歌と軽音楽』:「リンゴの唄」「そよかぜ」
⑤十二月十日　「リンゴ投げ」デビュー　『希望音楽会』:「リンゴの唄」「そよかぜ」
⑥十二月十六日　『歌と軽音楽』:「リンゴの唄」「花うり娘」ほか

　そして、並木がこの年のおおみそかに出演したのが『紅白音楽試合』だった。並木はそこで唯一の新人歌手として「リンゴの唄」を歌った。

14　『紅白音楽試合』で「リンゴの唄」を歌う

『紅白音楽試合』は現在の『ＮＨＫ紅白歌合戦』（一九五一年―）の前身にあたる番組で、終戦の年のおおみそかに放送された。当初は「紅白歌合戦」として企画されたが、「終戦になったのに、合戦の文字を使うのは好ましくない」というＣＩＥの意向で、『紅白音楽試合』に改められたという。(14)『紅白音楽試合』はその後、数年間中断した後、一九五一年（昭和二十六年）から正月番組として再スタートし、五三年の第四回から、再びおおみそかに放送されるようになる。

　ところで、この終戦の年の『紅白音楽試合』は、「知られざる」「幻の」という形容詞でこれまで語られてきたことからもわかるように、その全容がいまひとつ明らかにされていなかった。先に引用した『戦後芸能史物語』などで出演者の顔ぶれや曲目などについて、ある程度は知られてきていたが、(15)全貌はわかっていなかったのである。

　今回の調査で、出演者と歌われた曲目の全容がほぼ判明した。終戦の年の音楽事情を知るうえで貴重な情報と思われるので、「幻の」『紅白音楽試合』の記録を次に紹介する。

十二月三十一日　午後10：30—12：00（『記録』）

『紅白音楽試合』

【演奏者】

小夜福子、葦原邦子、松原操、長門美保、並木路子、近藤泉、川崎弘子、水ノ江滝子、坂元芳子、川田正子、比留間四重奏団、市丸、東京ラジオシスターズ、楠木繁夫、桜井潔楽団、藤原義江、霧島昇、柳家三亀松、東京ラジオフレンド、松平晃、加賀美一郎、波岡惣一郎、平岡養一、福田蘭童、古川緑波、古賀政男

【曲目】

1　松島音頭
2　女の階級
3　小雨の丘
4　男の純情
5　ベニスの謝肉祭
6　ラ・クンパルシータ
7　女心の歌（リゴレットより）
11　（空欄）
12　伊那節
13　愛の涙
14　リンゴの唄
15　花言葉の唄
16　（欠）
17　汽車ポッポ

8　岡のあなた
9　誰か故郷を想わざる
10　目ん無い千鳥
18　平和なる村
19　すみれの花咲く頃

演奏者として歌手以外に楽団名などがあげられているが、これについて、丸山鐵雄は『ラジオの昭和』で、「「音楽試合」としたのは、桜井潔楽団のタンゴ演奏や福田蘭童の尺八、平岡養一の木琴など歌の伴わぬ音楽も採り入れたからである[16]」と説明している。その結果、歌手と演奏者を合わせて、紅組と白組の十三組ずつで計二十六組の出演となった。

歌手名をみると、現在ではすでに忘れられてしまった歌手も多いが、紅組では「ターキー」の愛称で知られた水の江滝子や童謡歌手の川田正子の名前がある。白組では、テノール歌手として知られた藤原義江や、本書ですでに登場した霧島昇、有名なコメディアンの古川ロッパ、作曲家の古賀政男があがっている。なお、新人歌手は並木路子ただ一人だったという[17]。

曲目は空欄や欠番があって十七曲しか書いていないが、このなかで、現在の私たちが知っている歌は少ないように思う。ただ、空襲に次ぐ空襲の日々からやっと解放され、焼け跡と食糧難の苦難の年のおおみそかに歌われたこれらの歌は、当時の人々にとってはまた格別のものだっただろう。

15　古川ロッパの日記

それにしても、古川ロッパのようなコメディアンも歌を歌ったのだろうか。また司会は誰が務めたのだろうか。もう少し詳しく知りたいと思って調べていたところ、当のロッパが日記で『紅白音楽試合』に言及している箇所が見つかった。当時の『紅白音楽試合』の舞台裏がよくわかる貴重な資料なので、以下に紹介してみよう。なお、ロッパはこの日の昼間は、元旦からの有楽座でのロッパ一座公演に備えて稽古をおこなっていて、夕食後に放送局へ出かけている。

十二月三十一日（月曜）晴

そこ〔食堂：引用者注〕を八時近く出て、放送局へ歩く。今夜の「音楽紅白試合」とかいうものは、佐伯孝夫の構成だそうで、男女紅白軍の野球試合になっているのだが、てんで成っていない。十時すぎから十二時迄やらされて、そのドン尻に、男軍の司会者僕、女軍のターキーが一つ宛歌うので、実にその間、ちょっとちょっと宛喋る馬鹿馬鹿しさ。もう台本見ずに引受けることは一切止めようと、此の年になってから、学びぬ。女の方は、小夜・葦原・松原等々、男の方は藤原・波岡・松平・平岡等々十五人位宛出て、ただ歌う、こんな並べ方じゃ、しょうがあるまい。二時間近く、司会をして、すっかり草疲れてしまった。自分の番が来て、「東京五人男」で歌った、上山・鈴木の「お風呂の歌」を歌ったが、これがうまく歌えず――こういう時には、一切新作をやっちゃいかんと又学びぬ。で、終わったトタン、「あんまり勝つといけないから、わざとまずく歌ったんですよ」と言ってやった。(18)

ロッパが白組の司会、ターキーが紅組の司会を務めていて、白組と紅組からそれぞれ出てきては「ただ歌う」というその後の『紅白歌合戦』とほぼ同じ形式をとっていた。ただ、二時間近い長丁場だったせいか、司会のロッパは疲れ果ててしまったようである。

なお、ここに出てくる『東京五人男』（監督：斎藤寅次郎、配給：東宝、一九四六年）は翌年の正月用に撮影された映画で、ロッパがエンタツ、アチャコなどと共演している。ストーリーは「戦後東京に帰って冷たい現実と悪徳行為を見せつけられた五人の徴用工達が、不徳漢を一掃、明朗な街を復活させる(19)」といった内容で、民主主義的な喜劇という狙いがあったという。

ロッパはその映画のなかで、「お殿様でも、家来でも、お風呂に入る時は、みんな裸」で始まる「お風呂の歌」（作詞：上山《かみやま》雅輔《がすけ》、作曲：鈴木静一）を歌っていて、『紅白音楽試合』でもそれを歌ったが、新作だったためにあまりうまく歌えなかったというわけである。

ちなみに、終戦の年に国民学校の五年生だったテレビ演出家の鴨下信一は、この歌を歌う映画の入浴シーンを鮮やかに覚えていて、歌の文句もメロディーもちゃんと口をついて出てくるという。(20)

佐藤忠男も『日本映画史2』で同様の回想を残していて、映画で歌われ、『紅白音楽試合』でも歌われていることから、この「お風呂の歌」は当時の人々に強い印象を残したようである。

以上、終戦の年の『紅白音楽試合』の様子を、番組表とロッパの回想などからやや詳しくたどってきたが、では、こうして終戦後に初めて企画された『紅白音楽試合』を全国の聴取者はどのように聴いたのだろうか。そして、そのなかで歌われた「リンゴの唄」はどのような反響を呼んだのだろうか。実際にこの番組を聴いた記録がいくつか残されているので、それをみてみよう。

16　終戦の年の「歌いくらべ」

作家の島尾敏雄は終戦後、海軍特攻隊から復員して神戸で暮らしていた。映画にも関心が高く、先に紹介した『歌へ！太陽』や終戦後に初めて公開されたアメリカ映画『ユーコンの叫び』（監督：B・リーブス・イースン、配給：日本映画貿易、一九三八年）などを見たという記述を残しているが、この年のおおみそかの日記には次のように書いている。

十二月三十一日

三宮高架下の自由市場に出向いて炭一俵かついで来る。百二十円。三島由紀夫の小説「みのもの月」「世々に残さん」
　アサヒグラフに諏訪根自子の青白い照影ありて之は余の夢の心の一つであった。庭荒るるにまかせ大みそかに掃除せんものと手をつけたが手に負えない。夜はラジオで芸人たちのかくし芸大会。歌いくらべなど十二時除夜の鐘まで。(22)

「芸人たちのかくし芸大会」とあるのは、午後七時半から放送された『忘年隠し芸大会』のことを指していて、島尾はこの番組から『紅白音楽試合』、そして除夜の鐘までラジオを聴いていた。このように、おおみそかに放送された『紅白音楽試合』の歌い比べは、島尾だけではなく当時の人々がよく聴いたものと思われ、もう一つ、東京で終戦を迎えた旧制高校生の井上太郎の日記にも、『紅白音楽試合』が登場してくる。

　十二月三十一日（月）
　いよいよ昭和二十年の最後のゴールだ。今日も朝から掃除、風呂沸しに忙しい。湯から上り、一年の垢を落し、皆で年越そばをたべる。互に無事あの空襲の地獄を切りぬけて来たのを喜ぶ。一句浮ぶ『年越のそばに味う命哉』。ぶどう酒でよい気持になる。今日は遅くまで電圧低く、ラジオは二十二時二十分から二十四時までの紅白音楽合戦のみきけた。それに続き久し振りに除夜の鐘の放送を聞く。歴史始まって以来の多難な波瀾万丈の昭和二十年は鳴り渡る百八つの

鐘の音と共に過ぎて行く。(23)

島尾敏雄のように兵士として動員された者だけではなく、銃後に残された者も、「空襲の地獄」を逃げまどった一九四五年（昭和二十年）の年末だった。なんとか生き残った者たちにとって、その年の暮れに食べる年越しそばは、まさに命を味わうに等しいものだったのだろう。

このように、終戦の年のおおみそかに、ラジオから『紅白音楽試合』の歌い比べが流れて、全国の人々が万感の思いでそれに耳を傾けていた。「リンゴの唄」もそのなかの一つの歌として、終戦の年を振り返る人々の耳に送り届けられていったのである。

以上、「リンゴの唄」のラジオでの放送履歴を追ってきて、おおみそかの夜の『紅白音楽試合』にまでたどりついた。ラジオ放送を通じて、「リンゴの唄」は全国の人々に聞かれるようになり、その人気はますます高まりつつあった。

しかし、ここであらためて注意したいのは、終戦の年の並木路子のラジオ出演の頻度は、わずかに週一回程度にすぎなかったことである。ほかの歌手が歌ったケースを加えても、「リンゴの唄」がラジオから頻繁に流れてくるという大流行の段階には達していなかった。

すなわち、このおおみそかまでの過程は、実はまだ流行の第一段階、単なる序曲にすぎなかった。「リンゴの唄」の流行がより一層本格化して大流行へと発展していくのは、翌年に入ってからである。そして、その大きな起爆剤になったのは「リンゴの唄」のレコード発売だった。

注

（1）「東京新聞」一九四六年二月十七日付

（2）前掲『「リンゴの唄」の昭和史』一三九ページ

（3）並木路子「ＳＳＫと「リンゴの唄」」、日本地下鉄協会編「SUBWAY」第五十一号、日本地下鉄協会、一九九八年、五七ページ

（4）並木路子「〝リンゴの唄〟を続って」「放送」一九四六年三・四月号、日本放送文化協会、四六―四七ページ

（5）前掲『あの日 昭和20年の記憶』下、四五二―四五三ページ。この本では、小島の回想は十二月二十七日の項目に入っているが、当時の新聞広告によれば、十二月の大勝館の演目は「劇団たんぽぽ十二月公演吉野章楽団」となっているので、日付の間違いかと思われる。

（6）前掲『砕かれた神』七〇ページ

（7）片岡義男『歌謡曲が聴こえる』（新潮新書）、新潮社、二〇一四年、五二ページ

（8）武田康孝「昭和20年の音楽放送検討――『洋楽放送記録』のデータを用いて」、文化資源学会編「文化資源学」第十二号、文化資源学会、二〇一四年、六一―七五ページ

（9）前掲「リンゴ余談」

（10）丸山鐵雄「希望音楽会とのど自慢」「放送」一九四六年六月号、日本放送文化協会、三四―三五ページ

（11）丸山鐵雄『ラジオの昭和』幻戯書房、二〇一二年、一五三―一五四ページ

(12) 前掲『「リンゴの唄」の昭和史』一四二―一四三ページ
(13) 半藤一利『隅田川の向う側――私の昭和史』創元社、二〇〇九年、一〇二―一〇四ページ
(14) 前掲『ラジオの昭和』四二ページ
(15) 前掲『戦後芸能史物語』一二―一五ページ
(16) 前掲『ラジオの昭和』四二ページ
(17) 同書四三ページ
(18) 古川ロッパ、滝大作監修『古川ロッパ昭和日記――戦後篇 昭和20年～昭和27年』晶文社、一九八八年、七七ページ
(19)「東京新聞」一九四五年十二月三十日付
(20) 鴨下信一『誰も「戦後」を覚えていない』(文春新書)、文藝春秋、二〇〇五年、一二―一三ページ
(21) 前掲『日本映画史2』一七一―一七二ページ
(22) 島尾敏雄『島尾敏雄日記――『死の棘』までの日々』新潮社、二〇一〇年、六六ページ
(23) 前掲『旧制高校生の東京敗戦日記』二二二ページ

第4章　レコードによる流行の本格化

1　終戦後のレコード界の苦境

「リンゴの唄」のレコードは終戦の年の十二月に吹き込まれて、翌年の正月新譜としてコロムビアから年末に発売された。現代の感覚からすると、前章でみたようにラジオで人気沸騰してきたのだから、年末まで待たずにもう少し早く発売してもよかったのではないかと思うが、終戦後のレコード界は未曾有の惨憺たる状況に落ち込んでいた。したがって、新譜の発売を再開するまでには相当の時間を要することになった。以下、レコード会社各社の状況を簡単にみてみよう。なお、以下、レコード会社名は戦前の名称に復した後の会社名とした。

主要レコード会社のうち、ビクターとポリドールの二社の被害が最も大きく、プレス工場と吹き込み所の両方とも戦災で焼失してしまっていた。このため、吹き込み所については都内に新たな場所を選定したが、工場はあらためて新設する必要があり、再開までにかなりの時間を要することになった。新譜発売の目途がたったのは、翌年も遅くなってからだった。

これに対し、コロムビア、キング、テイチクの三社は工場と吹き込み所ともに戦災をまぬがれたので、再開も早かった。しかし、発売されるレコードのほとんどは旧譜ばかりで、魅力的な新譜・新作がなかなか現れないという状況にあった。(1)

このうち、キングは年末に旧譜中から数種類を発売した後、翌一九四六年(昭和二十一年)の三月に新譜を出した。そのラインナップをみると、松島詩子「紅薔薇の歌」(作詞:坂口淳、作曲:林伊佐緒)、横山郁子「春の口笛」(作詞:時雨音羽、作曲:細川潤一)、鈴木一郎「ジープは走る」(作詞:吉川静夫、作曲:上原げんと)、中根庸子「英語で歌えば」(作詞:山田三郎、作曲:河村光陽)などで、「ジープは走る」が多少話題になった程度だった。(2)

コロムビアは復活が最も早かったが、当初はやはり旧盤のプレスばかりで、新譜の吹き込みを再開したのは十二月に入ってからだった。そして、年末に満を持して正月新譜として発売したなかの一枚が「リンゴの唄」だった。

2 「リンゴの唄」はB面?

正月新譜として発売された「リンゴの唄」は、並木単独の吹き込みではなく、霧島昇とのデュエットだった。並木と霧島が交互に歌い、最後に二人で歌うという形式である。

霧島との共同吹き込みになった理由について、並木は『「リンゴの唄」の昭和史』で、「少女歌劇の人間がレコードに吹き込む場合には、専属の歌い手と抱き合わせでないとそれができなかったのでした」[3]と述べて、このような専属歌手システムが新人を出にくくさせていたと指摘している。並木単独で吹き込んだレコードは、のちの一九四九年（昭和二十四年）に発売されている。

ところで、このレコードについては、これまで映画と同名の「そよかぜ」のほうがA面で、「リンゴの唄」はB面だったとされてきた。残念ながら、現物のレコードは入手できなかったが、インターネット上の「YouTube」などのサイトで、何種類かのレコードの盤面と音声を比較することができた。盤面上の表記を比較するかぎりでは、特にA面、B面といった文字は印刷されておらず、両方とも同じように「松竹映画「そよかぜ」主題歌」と記されている。

レコードの盤面上の表記とこれまで紹介してきた歌詞をあらためてここに記載する。なお、歌詞の表記については、『サトウハチロー詩集』[4]と楽譜『TANGOそよ風の唄』[5]によった。

【盤面1】

歌謡曲

リンゴの唄

松竹映画「そよかぜ」主題歌
サトウハチロー作詞・万城目正作曲・仁木他喜雄編曲
霧島昇・並木路子
コロムビア　オーケストラ
A59

【歌詞】

一番（並木）　赤いリンゴに唇よせて
だまって見ている　青い空
リンゴは何んにも　いわないけれど
リンゴの気持ちは　よくわかる
リンゴ可愛や　可愛やリンゴ

二番（霧島）　あの娘よい子だ　気立てのよい子
リンゴによく似た　可愛いい娘
誰方がいったか　うれしい噂
かるいクシャミも　飛んで出る

リンゴ可愛や　可愛やリンゴ

三番（並木）朝の挨拶　夕べの別れ
いとしいリンゴに　ささやけば
言葉は出さずに　小首をまげて
明日も又ねと　夢見顔
リンゴ可愛や　可愛やリンゴ

四番（二人）歌いましょうか　リンゴの唄を
二人で唄えば　なおたのし
みんなで唄えば　尚なお嬉し
リンゴの気持を伝えよか
リンゴ可愛や　可愛やリンゴ　（三分七秒）

【盤面2】
歌謡曲
そよかぜ

松竹映画「そよかぜ」主題歌
サトウハチロー作詞・仁木他喜雄作編曲
霧島昇・並木路子
コロムビア　オーケストラ
A59

【歌詞】
一番（歌なし、演奏だけ）
二番（霧島）丘の小路の白い花
今朝もそよ風　迎えて咲いた
そよ風は　そよ風は――
明るい春も　のせて来る
しずかな秋もつれて来る
三番（並木）あけて明るいわが窓に
吹けよそよ風　心の部屋に

そよ風は　そよ風は――
はるかに遠い　口笛か
いつかの夢で聞いた唄　（二分三十七秒）

この時期のほかのレコードを調べてみても、特にA面、B面の記載はされていないケースが多いようである。

むしろ、内容面からみて、「リンゴの唄」は四番まであるのに対し、「そよかぜ」のほうは一番が演奏だけで、二番と三番しか歌われておらず、時間も短い。映画のなかでは、「そよかぜ」の一番の歌詞「森の木の葉がうなずいた、あれはそよ風たずねたしるし、そよ風は、そよ風は、やさしい人のささやきか、いとしい人のなぐさめか」も実際に歌われているから、レコードで一番の歌詞をあえて省略した理由はわからない。ただ、「リンゴの唄」に比べて明らかに扱いが軽くみえる。

このことをより明確に示しているのは、新聞広告である（図6）。広告面に掲載されているのは「リンゴの唄」だけである。

「リンゴの唄」のタイトルの下に霧島昇と並木路子の名前が並んで、「明るい！」「楽しい！」と歌の軽快なイメージを強調しているが、「そよかぜ」にはまったく言及しておらず、タイトルさえあがっていない。この広告からも、売る側の販売戦略では、「リンゴの唄」を前面に打ち出していたことがわかる。

レコードが発売された一九四六年（昭和二十一年）一月の時点では、すでに「リンゴの唄」の人気がラジオ放送などを通じて沸騰し始めていたから、販売サイドでも、その人気を大いに活用しようと考えたはずである。内容的にも販売戦略的にも、実質的なA面は「リンゴの唄」だったといえるだろう。

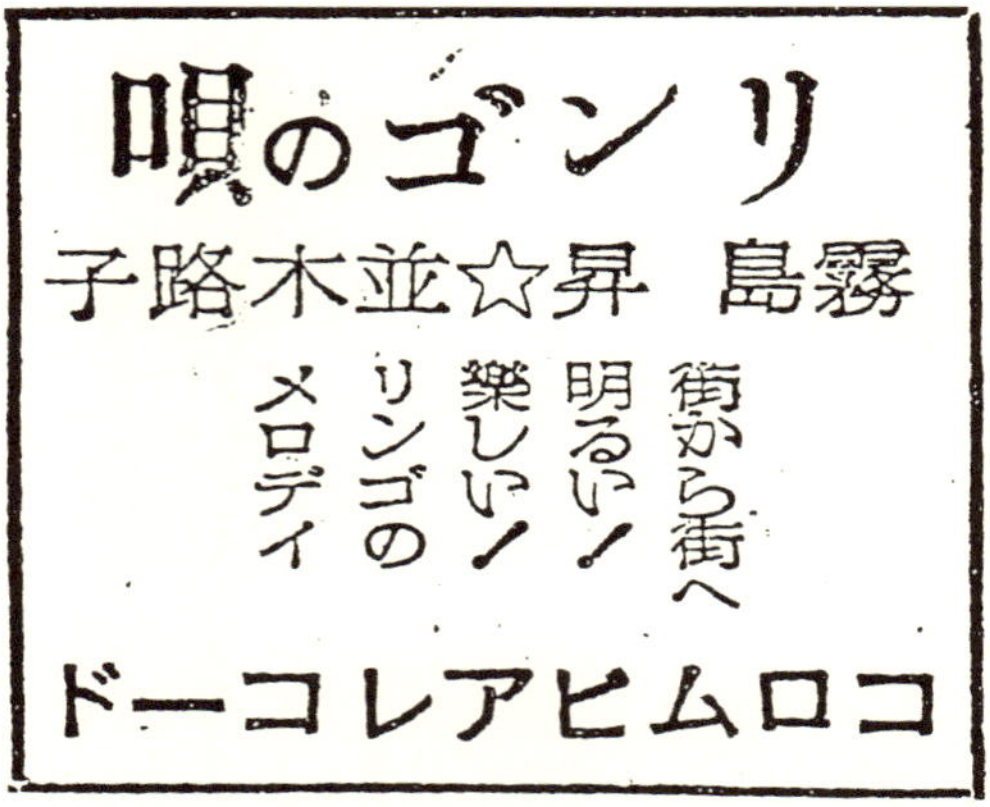

図6 「リンゴの唄」のレコード広告
（出典：「東京新聞」1946年2月8日付）

リンゴの唄

霧島 昇☆並木路子

街から街へ
明るい！
楽しい！
リンゴの
メロディ

コロムビアレコード

3　レコードも圧倒的売れ行き

こうして、一九四六年（昭和二十一年）正月新譜として売り出された「リンゴの唄」のレコードは、実際にも非常に好調な売れ行きを記録した。翌年の新聞は次のように報じている。

戦後の各社レコードのうちでヒットしたものは、昨年上半期ではコロムビアの並木路子の『リンゴの唄』が圧倒的であったが、最近では売行きがとまり、これに代って同社霧島昇の『麗人の歌』、奈良光江、近江俊郎の『悲しき竹笛』、テイチク田端義夫の『かえり舟』、キング岡晴夫の『東京の花売娘』などの新譜が売れている。[6]

ただ、実際にどれだけ売れたかという点については、たしかなことはわかっていない。三十万枚から五十万枚という数字が出されることもあるが、比較的妥当と思われるのは、一九四七年（昭和二十二年）末までの二年間で十二万五千枚という数字である。[7] 一見少ないようにみえるが、この時期のレコード業界は材料不足や小売店網の衰退、蓄音器自体の焼失などで非常な苦境のなかにあったから、その点を考えに入れると、この数字は驚異的な売り上げ枚数だったといえる。

なかでも小売店網の衰退ははなはだしく、レコード各社の特約店数は戦前の約四千店から、戦災による焼失や転廃業によって、一九四六年（昭和二十一年）の一月にはわずか七百店程度にまで減少していた[8]というから、レコードの流通網自体が壊滅に近い状態だったことがわかる。

小売店網の衰退の結果、新譜が地方にまで流通していくのは至難の業だった。たとえば神戸市内のある百貨店では、売れるのは「一日十枚ぐらいでしょうか、ほとんど開店休業の有様、しかし、この売上は、新譜払底、旧盤のストックが並べられているハンディキャップを勘定にいれなければならない[9]」という状態だった。神戸市内でさえ、新譜が払底して、店頭に並べられていたのは旧盤ばかりだったことになる。

したがって、数少ない新譜の一枚だった「リンゴの唄」が非常な人気を呼んだとしても、流通網の壊滅という状況のもとでは、そのレコードが地方にまで広く流通していくのは困難だった。実際に佐賀市内のレコード店でも、「リンゴの唄」は相当に人気があったが、入荷枚数が少ないために売り切れがちだったようだ。

　春は音楽のリズムに乗って…と佐賀市二ケ所のレコード店は、朝から軽快な音楽で人気を呼んでいるのは、最近入荷したものが
　△歌謡曲…『夢の沙漠』『慈悲心鳥』『アイルランドの娘』『女の階級』『港のブルース』
　△軽音楽…『ローレライ』『白い椿の歌』『夜のタンゴ』『青い背広で』

△洋楽…『ボレロ』『波濤を越えて』『ドンホセ』
△ダンスミュージック…『或る雨の午後』『丘を越えて』『緑の地平線』『ホントニソウナラ』等で、新しいものはまだ入っていないようだ、この中でよく売れるものは『アイルランドの娘』『ローレライ』『夜のタンゴ』『或る雨の午後』『緑の地平線』等で、『リンゴの唄』なども相当の人気を呼んでいるが、何しろ入る枚数が少いので売り切れ勝ちである。(10)

この記事は、終戦の翌年の地方都市でどのようなレコードが売れていたかを教えてくれる、非常に興味深い内容である。そして、この曲目をみて驚くのは、「最近入荷したもの」としてあげているレコードのすべてが戦前の旧作ばかりという点である。代表的な曲を流行した年ごとに分けてみると、五年から十年以上前の古いものばかり並んでいたことになる。

一九三一年（昭和六年）「丘を越えて」
一九三五年（昭和十年）「緑の地平線」
一九三六年（昭和十一年）「慈悲心鳥の唄」「女の階級」「アイルランドの娘」
一九三七年（昭和十二年）「青い背広で」
一九三九年（昭和十四年）「夜のタンゴ」「或る雨の午後」
一九四一年（昭和十六年）「夢の沙漠」

歌っている歌手も、藤山一郎、ディック・ミネといった当時のベテラン歌手ばかりである。レコード会社の側でもとりあえず戦時中の軍国歌謡を避けて、無難なそれ以前の流行歌の旧盤をプレスして出荷していたから、佐賀に限らず地方都市のレコード店の店頭はどこも、このような古い曲目とベテラン歌手のレコードが占めていたものと思われる。

そして、このような旧譜ばかりのラインナップを背景にしてはじめて、並木路子という終戦後に現れた新人と彼女が歌う「リンゴの唄」のレコードが、どれだけ鮮烈な衝撃をもたらしたかが理解される。それはまさに終戦後の新しい息吹として人々に受け止められたのだった。

「リンゴの唄」のレコードがもつ意味を知るうえで、小田原の男性からの投書[11]は示唆的である。十五歳のときに小田原で終戦を迎えたというこの男性、宮澤正幸は、衣食住に事欠き、蓄音器を持たなかったにもかかわらず、「リンゴの唄」のレコードを買って大切にしていたという。「リンゴの唄」のレコードは単なるレコードという域を超えて、終戦後の日本という新たな時代を象徴するものとして存在していたのである。

4　レコードによる流行の増幅作用

「リンゴの唄」はレコード化されたことによって、より一層の流行の拡大が可能になった。それまでは、「リンゴの唄」を聴きたいと思っても、生演奏を聴きに出かけるかラジオしかなかったが、レコード化によって一人で、あるいは家族でいつでも聴くことができるようになった。しかし、レコードが果たした流行の増幅作用はそれだけにとどまらなかった。

レコードという複製メディアに乗ることによって、「リンゴの唄」は当時の社会生活のさまざまな場面で、さまざまな形で流されるようになっていった。終戦時に東京の小学生だった作家の片岡義男は、当時の街の様子について、次のように回想している。

一九四六年の僕は小学校一年生だった。自宅のなかで、そしてその外で、『リンゴの唄』は何度となく聴いた。自宅ではラジオだ。映画の公開に合わせて、『リンゴの唄』は宣伝のために頻繁に放送されたという。外とは街の他にない。街のあちこちにラジオ店があった。ラジオを中心に日常的な電気製品の、当時なりのごく素朴な専門店の機能を果していた店だ。このラジオ店で外に向けて、レコードが一日じゅう繰り返し再生されていた、という記憶がある。広告塔というものも街にはあった。木材で三角に組んだ塔の上に拡声器があり、それはどこか近くの事務所にコードでつながり、商店の宣伝ナレーションやレコード、そしてラジオ番組などが、街をゆく人たちに向けて放たれていた。いつでもどこにいても『リンゴの唄』が聴こえてくる、という状況は少なくとも三年くらいは続いた、という体感がいまも僕には残っている。[12]

ラジオなどを売っていた電気店から外に向けて、「リンゴの唄」のレコードが一日中繰り返し再生されていたというのだ。そればかりか、広告塔の上の拡声器からも「リンゴの唄」が流れていて、「いつでもどこにいても、『リンゴの唄』が聴こえてくる」という状況が数年続いたと片岡は述べている。

ここに登場する広告塔というのは終戦後に街のあちこちに新しく設置され始めたもので、それらの広告塔には「スピーカーを据え、音楽と宣伝文句を流して道ゆく人の目と耳をひこう」[13]というねらいで、音声発信機能が備え付けられていた。ここから、「リンゴの唄」のレコードやラジオ放送が街中に流されていったのである。

なお、横浜市の石川薫の投書によれば、一九四六年(昭和二十一年)の春、帰郷の途中の下関駅で弁当を食べている際に、突然、駅の天井の拡声器から「リンゴの唄」が流れだしたという[14]。駅の拡声器からも「リンゴの唄」が流されていたわけだ。

このように、終戦後の混沌とした社会のなかで、レコードは現在の私たちが想像する以上に社会的なメディアであり、家庭で聴く以外にも、電気店や広告塔の拡声器、さらには駅の拡声器といった社会生活のなかのさまざまな装置によって流されていた。そして、「リンゴの唄」もこのような増幅装置を通じて、社会の隅々にまで伝わっていったのである。

5　一九四六年の「リンゴの唄」放送

さらに、「リンゴの唄」のレコードはラジオ放送でも利用されることによって、その放送頻度が飛躍的に高まった。というのも、当時のラジオ放送は録音技術が未発達だったため、レコードがない歌については、そのつど歌手が生で歌う必要があり、放送頻度には大きな限界があったからだ。「リンゴの唄」もレコード化以前には、並木路子や霧島昇、豊島珠江といった歌手が放送スタジオで、あるいは飛行館で、放送に合わせて楽団をバックにそのつど歌ってきたことは、第3章でみたとおりである。

しかし、レコードの発売によって、一九四六年（昭和二十一年）以降はもはや生放送に頼る必要がなくなり、これまでよりも頻繁に「リンゴの唄」をレコードで放送することが可能になった。ただ、残念ながら、レコードによる「リンゴの唄」の放送実態については資料がまったくない状態である。第3章で紹介した『確定表』と『記録』も生放送が中心であり、レコード（音盤）放送については記録されていない。今後、何らかの記録が見つかることを願うしかない状況である。

しかし、『確定表』と『記録』を調べていて気がついたことは、一九四六年以降にも、レコードだけではなく、従来どおり生放送でも「リンゴの唄」が盛んに放送されていたということである。

表2　生演奏による「リンゴの唄」の放送（1946年）

①1月2日　午後8:30—9:00
『新年軽音楽会』　独唱　**並木路子**
タンゴ「夢去りぬ」「**リンゴの歌**」
②1月11日　午後8:30—
『歌と軽音楽』　空あけみ、**並木路子**、後藤資公楽団
③1月25日　午後0:15—0:30
「ハーモニカ合奏」
「**リンゴの歌**」「青きドナウ」「浜辺の歌」など
④1月27日　8:30—
『軽音楽』　**並木路子**ほか
⑤2月3日　午後2:00—3:00
『通信従業員慰安の午後』　独唱　松田トシ、**並木路子**、川田正子など
「森の子山羊」「愛の泉」「**リンゴの唄**」「桃栗三年」など
⑥2月11日　午後8:00—9:00
『農村へ送る夕』　独唱　豊島珠江
「冬景色」「**リンゴの歌**」「懐かしのボレロ」「新雪」
⑦2月23日　午後6:00—
『四葉物語』サトウハチロー作、**並木路子**、波岡惣一郎ほか
⑧3月2日　午後0:15—0:30
『マンドリン合奏』
「祇園小唄」「**リンゴの唄**」など
⑨3月9日　午後8:30—9:00
『歌謡曲と合唱』　独唱　澤井夏子、野口峰子
「庭の千草」「花摘みの歌」「**林檎の歌**」
⑩3月12日　午後8:00—
『農家へ送る夕』 1「農民が民主主義に望むこと」、2 放送劇「恋はやさし」、3 歌と軽音楽、**並木路子**ほか

新聞のラジオ欄と合わせて四六年三月ごろまで調査したかぎりでも、表2のようにかなりの頻度で、生演奏での「リンゴの唄」の演奏ないしは並木路子の出演が確認できる。

このように、一九四六年以降も、並木本人やほかの歌手によって、あるいは楽器によってとさまざまな形態の生放送で、ラジオから「リンゴの唄」が流れていた。これにレコードによる放送が加わってくると、たしかに、「リンゴの唄」がラジオから頻繁に流れてくるという状況が生まれることになる。

さらに、ラジオを通した流行の拡大について考える際には、この時期のラジオ放送の聴取形態にも注意する必要がある。ラジオ聴取のあり方が、「リンゴの唄」の流行をより一層拡大していくことにつながった。

6　ラジオの「ながら聴取」による流行拡大

ラジオはのちの時代には個人用のパーソナルメディアになっていくが、この時期は家族全体で聴くメディアだった。また、その後すぐに登場してくるテレビと比較した場合、テレビが画面を見るために一カ所に集まって視聴する必要があるのに対して、画面がないラジオは集まる必要がない。家庭内のどこかでほかの行動をしながら聴くことができる。このような「ながら聴取」を、ラジオというメディアの重要な特徴として指摘することができる。

また、テレビは見るときだけスイッチをつけて、見ないときには消すという視聴方式だが、ラジオの場合には、「ながら聴取」の結果、朝から晩まで一日中つけっぱなしになりやすい。さらに、家庭内のどこからでも聞こえるように音量が大きくなりがちだった。この時期、ラジオはいわば家族の日常生活の背景に流れるBGM的な音声として存在していたわけだ。

このようなラジオの「ながら聴取」の犠牲者になったのが永井荷風だった。よく知られているように、荷風は隣家から聞こえてくるラジオ騒音に悩まされ続けて、『断腸亭日乗』に「隣家のラジオ」に対する苦情を連綿と書きつづっている。[15] 一部を引用してみる。

一九四六年（昭和二十一年）

一月二十一日、夜机に向かわんとせしが、隣家のラジオに妨げられてやむ

一月二十六日、晩食後小説の腹案をなさんとす、忽ちにして隣家のラジオに妨げられてやむ

七月二十五日、隣室のラジオと炎暑との為に読書執筆共になすこと能わず、毎日午後家を出で葛飾八幡また白幡天神境内の緑陰に至り日の梢傾く頃帰る、ラジオのやむは夜も十時過なり

八月初三日、午前隣室のラジオ既に轟然たり、頭痛堪難ければ出でて小川氏を訪う[16]

特に八月と九月は連日のように、「隣家のラジオ」「隣室のラジオ」への苦情を書き連ねている。これは夏季には窓を開け放すために、ラジオの音声がひときわ入ってきやすくなるためと思われる。ときには早朝から夜十時ごろまで続くラジオとの戦いについて荷風は、隣人がラジオを設置した一九三二年（昭和七年）から戦後の五〇年（昭和二十五年）ごろまで、長きにわたって『断腸亭日乗』に記している。

しかし、このような「隣家のラジオ」問題は、ひとり荷風だけに起きたことではなかったことに注意したい。この時期のラジオ聴取のあり方が、前述したような「ながら聴取」だったことを考えると、程度の差はあれ、日本中のどの家庭でも、ラジオの音声はその家にとどまらず周囲へもかなりな程度聞こえていたと思われるからだ。

すなわち、この時期、ラジオはいわば家庭内に設置された一種の拡声器的機能を果たしていたといえる。そして、日本中の都市や農村の各家庭に設置されたその拡声器に乗って、「リンゴの唄」が周囲にまで伝わっていったのである。

ラジオでのレコード放送の増加に加えて、さらに、このようなラジオの聴取形態も増幅装置になって、「リンゴの唄」の流行が拡大していった。こうして、片岡義男がいう「いつでもどこにいても『リンゴの唄』が聴こえてくる」という状況が生まれてきたのだった。

7 実演でリンゴ投げのパフォーマンス

ここまで、「リンゴの唄」の流行に寄与したメディアとして映画、ラジオ、レコードを取り上げてきたが、終戦後のこの時期にはもう一つの重要な回路が存在していた。「実演」である。実演とは文字どおり劇場などで実際に歌ったり演奏したり演じたりすることで、現在の言葉でいえば「ライブ」にあたる。

終戦後は映画やレコードの製作数が大幅に減少したため、俳優や歌手といった芸能人は活路を求めて、実演に力を入れ始めた。そのため、実演がにわかに盛んになり、実演の隆盛が終戦後の芸能界の大きな特徴になってきたのである。

とりわけ戦時中に敵性音楽として弾圧されていた軽音楽は、終戦後は一転して我が世の春を謳歌するようになり、新聞でも「大当たりは軽音楽と楽手の群れ、楽譜も怪しい先生でも昼は舞台に夜は進駐軍向きのキャバレー、ダンスホールという荒稼ぎ」[17]と報じている。また、映画俳優も長谷川一夫や山田五十鈴を筆頭に実演で大いに活躍している。

並木路子自身も元来は松竹少女歌劇団出身だったから、ステージでのパフォーマンスを非常に得意としていて、一九四六年（昭和二十一年）以降も実演への出演を続けている。新聞広告から拾っただけでも、一月から三月にかけて次のような公演記録が残されている。

①一月三―六日　「映画と実演　霧島昇と美響楽団」（浅草松竹）

並木路子（特別出演）

②一月七―十一日　「松竹春のオンパレード　唄　劇　演奏」（日比谷公会堂）

唄の部に高峰三枝子、霧島昇等とともに**並木路子**

③一月二十六―二十七日　「軽音楽大会」（邦楽座）

二葉あき子、松原操とともに**並木路子**

④二月十三日　「戦災孤児救済募金公演」（飛行館）

近江俊郎、**並木路子**等

⑤三月一日―　「オール日本選抜春の音楽祭り」（大阪松竹座）

波岡惣一郎、小畑実、二葉あき子等

「リンゴの唄」の**並木路子**関西初出演

⑥三月十五日―　「ロッパ一座東宝舞踊団合同公演「オペレッタ赤い手袋」」（日劇）

並木路子特別出演

このほかにも、第5章「「リンゴの唄」を歌う国民」で紹介するように、日程は不明だが、進駐軍に接収されて東宝劇場から改称したアーニー・パイル劇場でも歌っている。また、『「リンゴの唄」の昭和史』によれば、一九四六年(昭和二十一年)から翌年にかけて、青森、秋田、山形などにたびたび出かけて、万城目正の指揮と松竹軽音楽団の演奏をバックに「並木路子ショー」を開催したという。(18)

このような実演履歴からもわかるように、「リンゴの唄」の大ヒットによって、並木は一躍高峰三枝子や霧島昇といったスター歌手の仲間入りを果たし、歌謡ショーの花形歌手になりつつあったようだ。

ところで、並木の実演の名物となったのは、その後も長く語り継がれている「リンゴ投げ」である。「リンゴの唄」にちなんで籠からリンゴを取り出して舞台から客席に投げるというこのパフォーマンスは、第3章で紹介したように、一九四五年十二月十日の『希望音楽会』から始まった。ただ、並木は『「リンゴの唄」の昭和史』では、このときはリンゴを投げたのではなく、客席に降りて配りながら歌ったと書いている。(19)

リンゴのような固いものを投げるとぶつかって危ない気もするので、投げるのではなく配ったのではないかと思われるが、同じ『「リンゴの唄」の昭和史』で、アーニー・パイル劇場では若いアメリカ兵たちに向かって投げたと書いている。(20) 両方を併用したのかもしれない。

いずれにしても、このリンゴ投げのパフォーマンスは並木路子のトレードマークとなって、「リンゴの唄」の流行と彼女の人気を盛り上げていくのに大いに貢献した。実際にも彼女は実演のたびに毎回リンゴを投げていたようである。一九四六年（昭和二十一年）の芸能雑誌は、リンゴ投げのパフォーマンスをからかって、次のように書いている。

彼女は「リンゴの歌」を唄いながら、リンゴを投げあたえるというプレゼント・ショウを思いたったのでした。そして、それが又「リンゴの歌」の流行をいやが上にもかりたて、並木路子の人気を百倍することにもなったのでありました。
初めのうちはよかったのです。それが彼女の計算違いだったらしいのです。一日に三回の実演なのです。一回に五個のリンゴを投げるとしても十五個のリンゴが必要なのです。（略）リンゴは舞台裏のオバさん、表方のオッサンがブラック・マーケットで買って来ることになって居ました。それが、運の悪い日にはいくら探しても見当たらないということがあるのです。そんなことが度度重なって、入手困難がいよいよ深刻化して来たのです。(21)

結局、リンゴのかわりにピーナツを配ることになったというオチだが、真偽のほどはともかく、リンゴ投げのパフォーマンスが彼女の人気と「リンゴの唄」の流行を盛り上げるのにつながったということが、同時代でも広く知られていたことをこの記事は示している。
そして、終戦後の食糧不足の世相のなかで、赤いリンゴという色鮮やかな果物を投げる行為は、「リンゴの唄」のメロディーと相まって、人々に強い印象を残したのだった。

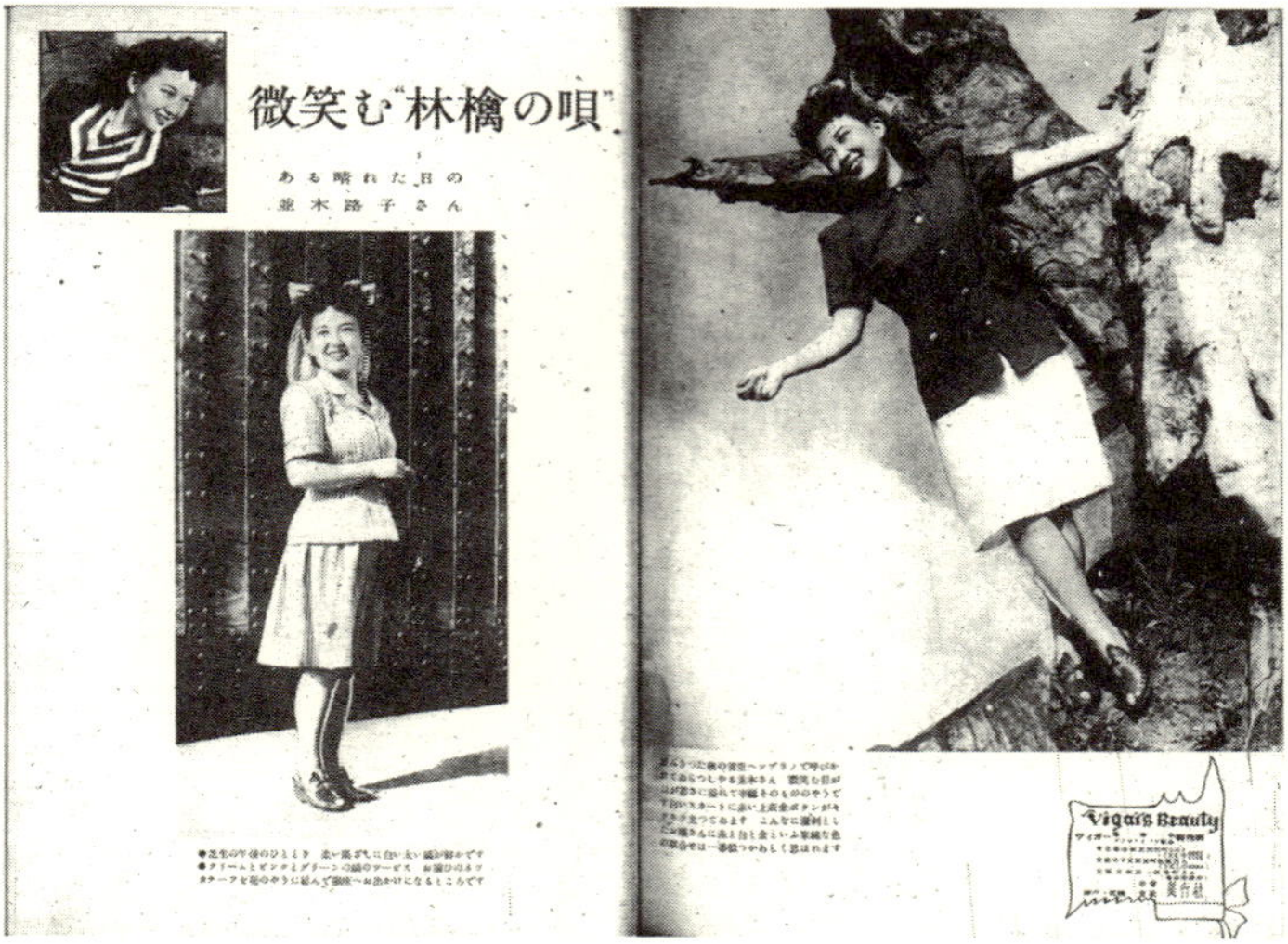

図7　並木路子のグラビア記事の例
（出典：「スタイル」1947年10月号、スタイル社。国立国会図書館所蔵）

8　並木路子というスターの誕生

レコードの大ヒットと実演の盛り上がりによって、並木路子は一躍スターの座へと押し上げられていった。放送局やレコード会社から引っ張りだこになり、また、新聞や芸能雑誌にも盛んに取り上げられるようになった（図7）。

それらの記事には、当然のように「りんご」の比喩があふれている。「りんごの様に紅く頬を染めて」「林檎のように甘い魅力」「林檎の気持ちは分からない」「リンゴのような可愛い娘」「やるせなき林檎の女王」「リンゴの子」など。

このように、リンゴのイメージは並木

をスターへと導くことに大きく貢献したのだが、しかし、半面、並木路子＝リンゴというイメージがあまりにも強くなりすぎてしまった。結果として、このイメージはその後の彼女の芸能活動に大きな桎梏となってはたらき、活動を制約する副作用をもたらすことにもなった。

並木はその後、松竹を離れてコロムビア専属になり、「可愛いスイートピー」（作詞：サトウハチロー、作曲：万城目正）や「東京ルンバ」（作詞：西條八十、作曲：万城目正）といった曲を吹き込んだり、『グランドショウ1946年』や『仮面の街』（監督：原研吉、配給：松竹、一九四七年）、『バナナ娘』（監督：志村敏夫、配給：新東宝、一九五〇年）といった映画に出演したりして活躍を続けてはいたが、リンゴのイメージを乗り越えるのは容易なことではなかった。

ここで一つの材料として、同時期に実施されたさまざまな人気投票を紹介しよう。この時期のスターたちの配置図と並木路子の位置関係を知るうえで興味深いデータである。まず、投票総数が少ない小規模な投票ではあるが、一九四五年（昭和二十年）十二月十五日現在の同好会会員による「スター人気投票」を取り上げてみよう。(22)

①高峰三枝子	四十七点	⑩山田五十鈴	二十点
②轟 友起子	四十六点	⑪阪東妻三郎	十九点
③高峰秀子	四十四点	⑫三浦光子	十八点
④長谷川一夫	三十八点	⑬水戸光子	十六点

④山根寿子　三十八点
⑤佐野周二　三十一点
⑥月丘夢路　三十点
⑦藤田　進　二十七点
⑧佐分利信　二十二点
⑨上原　謙　二十一点
⑭田中絹代　十五点
⑭原　節子　十五点
⑮**並木路子**　**十四点**
⑯宮城千賀子　十三点
⑰片岡千恵蔵　十二点
⑱灰田勝彦　十一点

「リンゴの唄」のレコードが発売される直前の時期だが、高峰三枝子や轟友起子、高峰秀子といった先輩女優たちを、早くも新人の並木が勢いよく追いかけ始めている状況がうかがえる。

しかし、その後、笠置シヅ子の「東京ブギウギ」（作詞：鈴木勝、作曲：服部良一）や岡晴夫「東京の花売娘」（作詞：佐々詩生、作曲：上原げんと）、あるいは菊池章子の「星の流れに」（作詞：清水みのる、作曲：利根一郎）といった新しい流行歌が次々と現れてくるなかで、並木の勢いは徐々に後退していく。一九四九年（昭和二十四年）の「花形歌手人気投票」の上位は、①岡晴夫、②近江俊郎、③藤山一郎、④灰田勝彦、⑤二葉あき子、⑥笠置シヅ子、⑦霧島昇、⑧小畑実、⑨高峰三枝子、⑩田端義夫となっていて、並木の名前はみえない。[23]

また、同じ年に雑誌「平凡」が実施した「あなたの好きな歌[24]」は次のような結果になっていて、わずか数年の間に、「リンゴの唄」の人気は失速してしまったようである。

第一位　湯の町エレジー　二万千三百四十七票
第二位　かよい船　一万千五百四票
第三位　シベリアエレジー　六千七百十八票
第四位　港横浜花売娘　四千四百三十二票
第五位　ハバロフスク小唄　四千四百五票
第六位　青い山脈　三千二百五十一票
第七位　東京の空青い空　三千七十九票
第八位　異国の丘　二千九百二十八票
第九位　別れのタンゴ　二千八百五十五票
第十位　薔薇を召しませ　二千百七十六票

終戦後徐々に社会も落ち着きをみせ始め、近江俊郎の「湯の町エレジー」（作詞：野村俊夫、作曲：古賀政男）や田端義夫の「かよい船」（作詞：清水みのる、作曲：倉若晴生）といったベテラン歌手の新しいヒット曲が流行するなかで、「リンゴの唄」の流行は下火になっていった。そして、並木自身も一九四九年（昭和二十四年）の暮れには、家庭内のトラブルから失踪事件を起こし、「リンゴの失踪」「失踪の歌姫」としてマスコミをにぎわせている。「リンゴの唄」と並木路子が一世を風靡した時代は、どうやらこのころに転機を迎えつつあったようである。

注

(1)「東京新聞」一九四五年十月二十五日付

(2)「東京タイムズ」一九四六年三月五日付

(3)前掲『「リンゴの唄」の昭和史』一五一ページ

(4)サトウハチロー『サトウハチロー詩集』(ハルキ文庫)、角川春樹事務所、二〇〇四年、一九一―一九二ページ

(5)楽譜『TANGO そよ風の唄』新興音楽出版社、刊行年月不明

(6)「南日本新聞」一九四七年二月十八日付

(7)「「リンゴの歌」盛衰記――並木路子の名を捨てて」「週刊新潮」一九六〇年八月二十二日号、新潮社、三三ページ

(8)前掲「新生のレコード界」

(9)「神戸新聞」一九四六年二月二十八日付

(10)「佐賀新聞」一九四六年四月九日付

(11)「朝日新聞」二〇〇一年四月十六日付

(12)前掲『歌謡曲が聴こえる』五二―五三ページ

(13)「朝日新聞」一九四六年八月二十四日付

(14)「朝日新聞」一九九四年八月二十八日付
(15)永井荷風とラジオの関係については、吉見俊哉の卓抜な指摘がある。『「声」の資本主義――電話・ラジオ・蓄音機の社会史』(講談社選書メチエ)、講談社、一九九五年、五―一〇ページ
(16)永井荷風『断腸亭日乗』第六巻、岩波書店、一九八一年、一二〇―一四九ページ
(17)「東京新聞」一九四六年一月四日付
(18)前掲『「リンゴの唄」の昭和史』一四三ページ
(19)同書一四二ページ
(20)同書一四六―一四八ページ
(21)「並木路子と南京豆」「芸林」一九四六年五月号、芸林閣、三八ページ
(22)「同好会々誌」新生創刊号、映画ト演劇同好会、一九四五年、二四―二五ページ
(23)「徳島民報」一九四九年二月二十二日付
(24)「平凡」一九四九年十月号、凡人社、八四ページ

第5章 「リンゴの唄」を歌う国民

以上のように、「リンゴの唄」は映画、ラジオ、レコード、実演といった当時の主要なメディアの回路を通じて流れ、一九四五年（昭和二十年）の秋から四六年にかけて全国的に大流行していった。その結果、日本中の大人から子どもまで「りんごの唄」を知らない人はいないといわれるまでになった。そして終戦後の人々は実際にも盛んに「リンゴの唄」を歌っていた。

たとえば、流行が本格化し始めた一九四六年ごろの新聞には、「終戦後の巷には「リンゴの唄」が流行して、よちよち歩きの幼な子までが、このメロディを口にしているほどだった(1)」とある。また、別の新聞にも、「街行く自転車の兄いの鼻歌に、或いはお手々つないで登校する幼童に、近頃歌われる流行歌といえば、唯一つこのリンゴの歌である(2)」とあるように、すでに同時代で、「リンゴの唄」が日常生活のなかでさまざまな年代の人々に盛んに歌われている現象が社会的にも注目されていた。

では、実際に「リンゴの唄」はどのように歌われていたのだろうか。ここでは、当時の日記や回想などを使って、「リンゴの唄」が歌われている場面に接近し、その実際の歌われ方を再現してみたい。
まず最も多い例は、当然のように人々が日常生活のなかで歌うケースである。そのいくつかの例をみてみよう。

1　駅や学校で歌う

山田風太郎の『戦中派焼け跡日記』に、「リンゴの唄」の鼻歌を歌う中年紳士が出てくる。山田風太郎は、学生として所属していた東京医学専門学校の信州への疎開にともなって信州で終戦を迎え、十月に帰京してきた。そして、翌年の二月二十六日に知り合いを見送った後、上野駅のホームで列車を待っていたときだった。

でっぷり肥った中年の紳士がホームの端を往きつ戻りつしながら鼻歌をうたっている。聞いて見ると、今流行の「リンゴの唄」であった。「……リンゴはなあんにもいわないけれど、リンゴの気持はよくわかる。リンゴ可愛いや、可愛いやリンゴ」という禅問答みたいな、そのくせ節回しは甘ったるい、他愛のない唄である。俺は紳士の顔をちらと見て、思わずにやにや笑った。[3]

れっきとした中年紳士でさえ、「リンゴの唄」を駅のホームで鼻歌ではあるが歌っていたという。このようにして実際に人々の日常生活のなかで、「リンゴの唄」を歌うケースがさまざまなスタイルで存在していたものと思われる。また、当時医学生だった山田風太郎もこの歌を「今流行」中の歌として知っていて、その歌詞まで覚えていた。

中年紳士だけではなく、旧制中学生も学校で「リンゴの唄」を歌っていた。終戦時に埼玉県の川口中学校の三年生だった羽鳥圭亮が残した日記は、当時の少年の生活や心理の動きを記していて、非常に興味深い。彼はサッカーに熱中するスポーツ少年であり、天皇とダグラス・マッカーサーが並んだ新聞の写真にショックを受けたり、また日比谷公園に進駐軍を見にいったりしている。一九四六年（昭和二十一年）二月二日の日記に「リンゴの唄」が登場している。

二月二日（土）

焼け残った川口の映画館に昔の「愛染かつら」が来たので、深谷さんの小母さんたちと見に行く。戦争に関係ある場面はカットされていたそうだが、歌謡曲の「花も嵐も踏み越えて」なども入っており、上原謙と田中絹代で有名なので、おもしろかった。

近頃歌謡曲が復活し、今、「リンゴの唄」が大流行。サトウ・ハチローの作詞。ラジオもこの歌ばかりやっている。歌手は並木路子。学校でも不良っぽい友人らが肩をいからせて、「赤いリンゴに唇よせて」と、どなっている。肩かけかばんを長くのばして。(4)

川口の中学生たちも「リンゴの唄」を学校で歌っていた。ただ、「不良っぽい友人」とあるように、学校教育全般で流行歌は禁止される傾向にあり、特に戦時中には軍歌一色で流行歌は排斥されていたから、流行歌を真っ先に歌うのは「不良っぽい」生徒が多かったものと思われる。

このように、二つの例をみただけでも、大人も少年も、駅や学校といった日常生活のなかで「リンゴの唄」を歌うという状況が生まれてきていたことがわかる。とりわけ一九四六年の正月新譜としてレコードが発売されてから、歌の流行が加速化した。羽鳥圭亮の日記でも二月二日付で、「今、「リンゴの唄」が大流行」と書いている。

前述したように、レコード化によってラジオでもレコードで放送するケースが増え、また、ラジオ店や拡声器からも流されるようになり、いつでもどこでも「リンゴの唄」を聴ける機会が拡大していった。その結果、人々は歌を覚えやすくなり、大流行へとつながっていったのである。

新聞の投書欄にも、「リンゴの唄」が歌われた場面の回想例が寄せられている。神奈川県の本多正利は一九四六年に復員してきて、配給の乾パンをもらうために並んでいた広場で、ある女性が「リンゴの唄」を歌いだすのを聞いたという。(5)

また、神戸市の中島れいの回想によれば、一九四六年の春に保母として勤めていた幼稚園で、一人の園児が「リンゴの唄」を歌いだしたところ、ほかの園児たちも一斉に歌いだして、自然発生的に「リンゴの唄」の大合唱が始まったという。(6)

これらの例から、先に紹介した新聞記事のとおり、聴くだけでなく、幼稚園の園児から中学生、女性、中年の紳士に至るまでさまざまな年代の人々が、「リンゴの唄」を好んで歌うようになっていたことがわかる。

さらに、「リンゴの唄」は日常生活以外にも、終戦後に特有の場面でも歌われていた。まずその一つの例として、『のど自慢素人音楽会』(一九四六年。以下、『のど自慢』と略記)があげられる。電波を通じて、一般庶民が「リンゴの唄」を歌う歌声が全国に伝えられていくという、それまでには考えられなかったような新たな状況が一九四六年に生まれていた。

2 終戦後のラジオの新番組

終戦後のラジオは、戦時中の言論統制から解放されて生まれ変わったかのように新しい番組を次々とスタートさせていく。報道系では、戦争の内幕に迫った『真相はこうだ』や街の声を拾った『街頭にて』(のちに『街頭録音』)といった番組が大きな反響を呼んだ。

他方、娯楽関係では、バラエティー番組の先駆けとなった『日曜娯楽版』やクイズ番組の『話の泉』『二十の扉』、さらに放送劇の『鐘の鳴る丘』、「カム・カム・エブリボディ」のテーマソングで知られる平川唯一の『英語会話』といった新しい番組が次々と登場してきた。

時期は少し下るが、一九四九年（昭和二十四年）にラジオ番組に関する全国的な人気投票がおこなわれている。GHQのラジオ担当官の援助のもとに実施されたこの調査の結果は、次のとおりである。

①二十の扉、②お好み番組、③夜のニュース、④話の泉、⑤落語万才、⑥浪花節、講談、⑦日曜娯楽版、⑧希望音楽会、⑨民謡俗曲、⑩放送劇[7]

新しくスタートした『二十の扉』や『話の泉』『日曜娯楽版』などが、実際にも聴取者から強い支持を得ていたことがわかる。

また、音楽面での新機軸として大きな社会的注目を集めるようになったのが、すでに第3章で紹介した『希望音楽会』と、もう一つが『のど自慢』である。そして、この『のど自慢』で最も多く歌われた歌が、「リンゴの唄」だった。以下、当時の担当者だった丸山鐵雄の二つの展望記事[8]をもとに、初期の様子を探ってみよう。

3 『のど自慢』で最も多く歌われる

丸山によれば、『希望音楽会』と『のど自慢』は二つとも聴取者参加をねらった番組だったが、『希望音楽会』はリクエストによる聴取者参加を意図したのに対し、『のど自慢』のほうは「マイクと大衆との結合即ち大衆をマイクの前に連れて来て唄わせる点に狙い」があったという。

『のど自慢』は一九四六年（昭和二十一年）の一月十九日から始まったが、その反響は予想以上に大きかった。当日集まった応募者は放送局の予想をはるかに超える九百人に達し、結局、先着順で百人だけを選んだ。そして、テストの結果、その一割の十人が合格し、午後六時から得意ののどを全国に披露したという。その後も応募者は毎回六百人から千三百人に達し、盛況だった。

そして、この最初期の『のど自慢』で歌われた曲目のなかで、男女を通じて最も多かったのが「リンゴの唄」だった。それに次いで、「旅の夜風」「誰か故郷を想わざる」が多く、地方農村からの応募者では「赤城の子守唄」（作詞：佐藤惣之助、作曲：竹岡信幸）や「名月赤城山」（作詞：矢島寵児、作曲：菊地博）がよく歌われたという。「リンゴの唄」以外は古い歌ばかりである。

また、女学生の間では「高原の月」（作詞：西條八十、作曲：仁木他喜雄）や「ジャワのマンゴ売り」（作詞：門田ゆたか、作曲：佐野鋤）、「新雪」（作詞：佐伯孝夫、作曲：佐々木俊一）、「純情二重奏」（作詞：西條八十、作曲：万城目正）、「並木の雨」（作詞：高橋掬太郎、作曲：池田不二男）、「人生の並木路」（作詞：佐藤惣之助、作曲：古賀政男）などに人気が集まった。ここでも、女学生という若い世代にもかかわらず、古い歌ばかりを歌っている。

丸山鐵雄はこのような古い曲目が人気を集めたことについて、「いずれも一時代前の流行歌である点、今更の如く現代の唄の貧困を痛感せしめる」(9)と嘆いている。

スタートしたばかりの『のど自慢』で歌われた曲の大部分は、このような「一時代前の流行歌」だった。そして、このような曲目リストを背景にするとき、あらためて「リンゴの唄」がもつ新鮮さが理解できるように思う。千人前後の応募者たちが歌いたくなる歌で「現代の唄」といえるものは、この「リンゴの唄」ただ一曲にすぎなかったのである。

ただ、「リンゴの唄」は新しい歌だったために、この歌で合格した人は少なかったと丸山は述べている。その理由として、「目下流行の「リンゴの唄」で合格者数が案外少なかったのは、歌のやさしさに馴れて特徴のある歌い方もなく、といって並木路子の牙城に迫る人も出なかったという音楽部の話である」(10)とあるように、歌いやすい歌だったことが逆に作用したようである。

ちなみに、小学生時代の美空ひばりも『のど自慢』で「リンゴの唄」を歌って不合格になったという。(11)ひばりはその後日本ビクターにもテストを受けにきて、同じように「リンゴの唄」を歌った。非常にうまく、ジェスチャーも派手で、審査員もあっけにとられたほどだったが、子どもに流行歌はいかがなものかということでこちらも不採用になってしまった。(12)そうはいっても、先にみたように、「リンゴの唄」は幼稚園児にまで歌われていたから、「リンゴの唄」を歌う小学生はひばりのほかにもたくさんいたと思われる。

こうして、一九四六年（昭和二十一年）一月以降、「リンゴの唄」を歌う庶民の歌声がラジオの電波を通じて全国に放送されていったのである。

もっとも、その後新しいヒット曲が次々と生まれてくると、「リンゴの唄」はあまり歌われなくなっていく。丸山鐵雄が紹介している一九四八年（昭和二十三年）の『のど自慢』東京都予選で歌われた曲目のベストテンは次のとおりで、「リンゴの唄」は入っていない。これについて、丸山は「歌謡曲の方は流行の波の起伏がはなはだしい」と感想を述べている。なお、数字は歌われた回数である。

1　啼くな小鳩よ　65
2　山小屋の灯　32
3　夜のプラットホーム　29
4　かえり船　28
5　たれか夢なき　27
6　夢淡き東京　26
7　なつかしのブルース　24

8　長崎エレジー　22
9　港シャンソン　21
10　帰れソレントへ　20⑬

4　進駐軍と「アップルソング」

終戦後に特殊な場面のもう一つの例として、進駐軍関連の場所があげられる。「リンゴの唄」の流行時期はちょうど進駐軍が駐留していた時期と重なることから、「リンゴの唄」は進駐軍の文化圏とも接触していくことになった。

進駐軍に接収されていた東京宝塚劇場がアーニー・パイル劇場へと改称して再開したのは一九四六年（昭和二十一年）の二月二十四日で、新聞も大きく報じている。ここに日本人は立ち入り禁止で、アメリカ兵の慰問のためにアメリカ本国の芸人や英語ができる日本人の芸人が出演していたが、そのアーニー・パイル劇場から松竹を通じて、並木路子へ出演依頼があったという。

『「リンゴの唄」の昭和史』によれば、並木は英語ができない旨を伝えたが、「あなたが歌う前に、あらかじめ歌詞を英訳してもらっておくから、日本語で歌えばいい」と言われて、出演することになった。ステージでは司会者から「アップルソング」と紹介されて、並木はいつもどおり日本語で

「リンゴの唄」を歌いながら、終わりのところでリンゴが入った籠から客席にリンゴを投げた[14]という。

並木が歌う「リンゴの唄」は好評を博し、当初一週間の予定だったが、結局、一カ月間アーニー・パイル劇場で歌うことになった。

さらに、その劇場で「リンゴの唄」を聴いていたアメリカ人が、日本語で覚えて『のど自慢』で歌ったという。並木は実際にそれを自宅のラジオで聴いていて、司会者の「あなたはどこで「リンゴの唄」を覚えましたか?」という問いかけに、そのアメリカ人が「この歌、アーニーパイルでかわいい子が歌っていたから、私、覚えました」と答えた、と『「リンゴの唄」の昭和史』[15]に書き残している。

このように、日本で大流行していた「リンゴの唄」は、アーニー・パイル劇場での演奏を通じて進駐軍のアメリカ兵たちの間にも広まっていった。その際には、英訳された「アップルソング」として受け入れられていったわけだが、なかにはその歌を日本語で覚えて、『のど自慢』で歌う者まで現れてきていたのである。

なお、一九四七年（昭和二十二年）の英語雑誌には、「リンゴの唄」の英訳が“The Apple Song”として掲載されている[16]。この英訳がどこまで人口に膾炙したかはわからないが、参考までに一番だけを引用しておこう。

The Apple Song (RINGO NO UTA)
English words by Henry H. Armstrong

Let my lip approach its cheek,
Just an apple's all I want.
There it hangs beneath the heavens
Blue, so silently.
Apples don't say a word but I can see with certainty.
What they are thinking now; thinking now.
O-o charming apple mine; charming little apple mine.

赤いリンゴに　口びるよせて
だまってみている　青い空

リンゴはなんにも　いわないけれど
リンゴの気持ちは　よくわかる
リンゴ可愛いや　可愛いやリンゴ

5　復員船で看護婦たちが合唱する

終戦後の日本を象徴するものの一つとして、外地からの復員や引き揚げがある。終戦時に外地には約六百六十万人の日本人がいて、一九四六年（昭和二十一年）末までにはそのうちの五百万人が引き揚げてきたという。[17]そして、外地からの引き揚げや復員というきわめて過酷な極限状況のなかでも、「リンゴの唄」が盛んに歌われていた。

まず復員船のケースからみてみよう。海軍予備学生として召集されていた山田栄三は、終戦翌年の三月に、所属する隊とともにシンガポール南方のレンバン島に移された。食糧問題や自身の病気などをなんとか乗り越えて、山田は六月にアメリカから貸与されたリバティー船に乗り込んで復員の途につく。その際に、船中で船の事務長から「リンゴの唄」を聴かされた。

しばらく雑談していたら、事務長が

「内地では妙な歌が流行っていますよ」

といって、「リンゴの唄」をきかせてくれた。

「赤いリンゴに唇よせて」という唄だ。

私はこの唄の歌詞を聞いて、何のことだかわからなかった。とにかく大変なことらしいと考えた。内地がどうなっているのか、見当もつかない。一年半前に、内地から印度洋の孤島に向うときの気持より、もっと悲壮な気持が、ふと胸の中を横切った。(18)

山田は南方からの復員船のなかで、人づてに「リンゴの唄」を聴いている。そして、内地で流行《はや》っている歌ということで、その歌から内地へのさまざまな思いを呼び起こしている。

この例のように、遠く離れた戦地からいままさに復員しようとしている兵士にとって、「リンゴの唄」は終戦後の日本を象徴する歌として受容されていたことがわかる。ただ、日本社会の文脈から切り離された「リンゴの唄」は、異郷の地にあっては「妙な歌」として聞かれるほかはなかったようだ。

もう一つの例は、同じく南方戦線に従軍した藤原剛の体験である。藤原は一九四二年（昭和十七年）に学業半ばで陸軍に入営し、オーストラリアの北側にあるケイ諸島に送られて、そこで終戦を迎えた。そして、復員を待つ日々を過ごしていたところ、やっと四六年（昭和二十一年）の五月末に病院船の氷川丸がケイ諸島に入港してきた。藤原が氷川丸に乗り込んで、船長と会食した後のことだった。

食後、「最近流行の歌を聴いて下さい」と看護婦さん七、八人による《リンゴの唄》の合唱を聴いた。ともすれば、ウツロになり勝ちだった気持ちを深く癒してくれたし、久しぶりに接した日本女性は小柄でとても美しく、「一日も早く帰りたい」という気持ちをかき立てた。とくに「リンゴはなんにもいわないけれど、リンゴの気持ちはよくわかる」という歌詞には胸がいっぱいになって思わず涙が溢れた。(19)

病院船の看護婦たちが「最近流行の歌」として、「リンゴの唄」を合唱して聞かせてくれたという。出征した地にあって、ラジオやレコードからではなく、日本からやってきた看護婦という生身の人間の歌声を通して「リンゴの唄」を聴くことによって、藤原は日本への望郷の念がより一層かきたてられ、歌が彼の胸を激しく揺さぶった。そして、極限状況下でその体験は強い印象となって刻み付けられ、「リンゴの唄」は晩年まで藤原にとって忘れられない歌になったのである。

これらの二つの例は、時期的には一九四六年(昭和二十一年)の五月から六月ごろにかけてのものである。第4章でみたように、この時期になると「リンゴの唄」のレコードも発売されて流行が拡大していたことから、「最近流行の歌」として外地からの復員兵たちに紹介されたものと思われる。

と同時に、山田・藤原両氏が別の箇所で共通して回想しているように、軍隊生活のなかでも、軍歌以外のさまざまな歌が歌われていた。山田は、夜になると予備学生たちが桟橋に集まって「椰子の実」(作詞:島崎藤村、作曲:大中寅二)をはじめとするいろいろな歌を歌っていたと回想している。[20]また、藤原によれば、復員待ちの間に、夜は演芸会が開かれて、「人を恋うる歌」(作詞:与謝野鉄幹、作曲:不詳)、「ゴンドラの唄」(作詞:吉井勇、作曲:中山晋平)、「船頭小唄」(作詞:野口雨情、作曲:中山晋平)から「湖畔の宿」(作詞:佐藤惣之助、作曲:服部良一)、「誰か故郷を想わざる」まで大正・昭和の歌謡曲をいろいろ歌っていたという。[21]

このように、復員兵たちは復員待ちという中途半端な状況を、せめて歌を歌うことで紛らせようとしていたことがわかる。いつ帰国できるかもわからない極限状況下に置かれた彼らを慰め、励ましてくれたのは歌の力だった。

6　捕虜収容キャンプで兵士たちが大合唱する

山田・藤原両氏と同じような復員待ちの体験を、学徒出陣で南方戦線に出征し、のちに「平凡」編集長になる斎藤茂も書き残している。それによれば、斎藤はクアラルンプールの捕虜収容キャンプで復員を待っていたときに、短波放送から聞こえてくる「リンゴの唄」を仲間うちのギターのバンドに覚えさせて演芸会で演奏させた。兵士たちは配られた歌詞カードを見ながらみんなで歌いだして大合唱になったという。

みれば大の男たちがみんな泣いている。「内地は焼野が原になったときいて暗い気持になっていたが、町や村にはこんな明るい歌がはやっているんだ。そう思うと希望が湧いてきました。どんなに辛くても復員の日までがんばります」。口々にそう言って、「リンゴ可愛いや、可愛いやリンゴ」と嬉しそうに口ずさんでいた。歌の持つ偉大な力を実感としてうけとめ、私は感動した。(22)

復員を待つ兵士たちに、最も新しい日本の歌として姿を現してきたのが「リンゴの唄」だった。

彼らにとって、「リンゴの唄」はまさにこれから帰るべき日本を象徴する明るい希望の歌として受け止められたのである。

もう一つ、復員と同じような状況として、兵士以外の民間人の外地からの引き揚げをあげることができるが、実は引き揚げ船のなかでも「リンゴの唄」が盛んに歌われていた。

7 引き揚げ船で船員たちが歌う

のちに作詞家となるなかにし礼は、満州からの引き揚げ者だった。満州の牡丹江に住んでいたなかにし一家は、終戦直前のソ連の猛攻撃を逃れてハルピンに移り住む。そして、一年余りのちに、父を亡くして母と姉と一緒に満鉄（南満州鉄道）に乗って遼東湾西側のコロ島に着き、そこから引き揚げ船に乗った。

その船のなかで、なかにしは父を亡くした悲しみのあまり、姉と一緒に海に飛び込もうとした。そのとき、一人の若い船員が二人を押しとどめて部屋に連れていき、ラジオから流れる「リンゴの唄」を聞かせてくれたという。船員は自分でも歌い始め、二人も一緒に歌いだした。しかし、その歌は彼にとって「残酷な歌」だったという。

なんという明るい歌だろう。私の祖国の日本人たちは、もうこんなに明るい歌を唄っているのだろうか。私たちが、まだ、こうして真っ黒な海の上にいるのに。着のみ着のまま、食うや食わず、命からがら逃げつづけた同胞がまだ祖国の土を踏んでいないのに。なぜ平気でこんな明るい歌が唄えるんだろう。どうして、もう少し、私たちの帰りを待っていてくれないのだ。『リンゴの唄』は私にとって、残酷な歌だった。

おいてけぼりをくったような、仲間はずれにされたような、存在を無視されたような、悲しい想いがこみ上げて来て、私は『リンゴの唄』を唄いながら、泣いた。(23)

なかにしは満州生まれでこの時期まだ八歳だったから、「リンゴの唄」を聴いても、日本で育った大人のように望郷の念に駆られることもなかったのかもしれない。むしろ引き揚げ船という過酷な現実と明るすぎる歌との落差が、彼の心を激しく揺さぶった。なかにしの体験からも、世代によって、あるいは育った環境の違いによって、「リンゴの唄」の受け止め方にはさまざまな差異が存在したことが理解される。

朝鮮半島で育った五木寛之はこの時期十四歳だったが、彼にとっても、これから帰るべき内地は、これから帰るべき内地の日本は、むしろ異国として感じられていたという。五木も家族と一緒に命がけで三八度線を越えて、仁川から引き揚げ船に乗った。船中では盛んに演芸会が開かれていて、船員たちが新しい流行歌を歌ってくれたが、そのなかで「リンゴの唄」がいちばん鮮烈な印象を五木に与えた。内地への不安を吹き払う「応援歌のような印象」だったと、五木は語っている。[24]

同じく引き揚げ船内の放送で「リンゴの唄」を聴いたのは、森尾イツだった。夫婦二人でハルピンから引き揚げてきた森尾は、一九四六年（昭和二十一年）の秋に汽車でコロ島に着き、老若男女二百人余りと一緒に引き揚げ船に乗った。

何日目だったか。「島が見えるぞ」の叫び声。皆一斉に左舷に走った。「本当だ。本当に、ぼんやり見える」。どよめきが上がった。同時に、音楽が流れ、「今、日本で流行しています」という放送があった。「赤いリンゴにくちびるよせて、だまってみている青い空、リンゴはなんにもいわないけれど……」。曲が繰り返された。人々は皆、流れる涙をふきもせず、手拍子足拍子になり歌に合わせて躍り出した。帰れた、帰れた。皆の心は一つになった。敗戦で打ちのめされた心に灯がともった。[25]

日本の島が見えたちょうどそのときに、「リンゴの唄」が流れてきたという。あまりにも劇的な演出にみえるが、これについてはほかにも同じような体験談が残っている。例えば一九四七年（昭和二十二年）秋に樺太（サハリン）から引き揚げてきた西雪恭子も、真岡から函館に向かう引き揚げ船が宗谷海峡に差しかかると、「リンゴの唄」が流れてきたと回想している。[26]

日本の領土が近づくと「リンゴの唄」を流すというやり方は、引き揚げ船が日本と外地を何度も往復するうちに自然とできあがってきた演出方法だったのではないかと思われる。

また、引き揚げ船が舞鶴港をはじめとする帰港先に近づくと、港から「リンゴの唄」が流されたケースもよく知られている。たとえば一九四六年（昭和二十一年）四月に上海の病院から引き揚げてきた千鶴子という名の看護婦によれば、引き揚げ船が舞鶴港に入ると同時に、港から「リンゴの唄」が聞こえてきたという。そして、それは激しい軍歌と異国の地での戦争の日々にやっと終わりがきたことを告げるように響き、思わず涙があふれたと語っている。(27)

8　終戦と帰国をことほぐ歌

さらに、引き揚げ船中で「リンゴの唄」をみんなで覚えて輪になって大合唱したという体験談も残っている。朝永清之の回想(28)によれば、北朝鮮東部の海側にある興南という町で育った朝永は、終戦後に一家五人で朝鮮半島を南下して、釜山から引き揚げ船に乗った。一九四六年（昭和二十一年）の五月ごろのことである。

引き揚げ船は博多港の港外までやってきたが、検疫などで上陸待ちとなる。そのときに、船内でいつの間にか聞こえだしたメロディーがあった。「リンゴの唄」だった。朝永によれば、船員たちが「リンゴの唄」を、まず引き揚げ者のなかの若い女性たちに教えて、その後、その女性たちから引き揚げ者全体に広まっていったという。

そして、船中で夜に開かれた演芸会で最初に歌われたのが「リンゴの唄」だった。引き揚げ者をはじめ、船員や看護婦も交じって参加者がみんなで丸い輪を作り、「リンゴの唄」を何度も何度も大合唱した。

引き揚げ船のなかという閉ざされた空間のなかで、「リンゴの唄」が船員から広まって、ついには全員で合唱するまでになっていく。目指す祖国を前にして、「リンゴの唄」は引き揚げ者たちを一つに結び付けるばかりでなく、さらに彼らを今度は日本という国へと結び付ける歌になっていた。「リンゴの唄」はそのような紐帯の力、結び付ける力をもつ一種特別な歌となって現れていたのである。

9　引き揚げ歌の伝統と「赤化」

外地からの復員船や引き揚げ船がいよいよ日本に近づいた際に、歌が流されたり、みんなで歌ったりするこのような伝統がいつから始まったか、詳しいことはよくわかっていない。最も初期の例として、川田正子は『童謡は心のふるさと』で「里の秋」（作詞：斎藤信夫、作曲：海沼實）を歌った経験を書いている。川田は終戦の年の十二月二十四日に、NHKが復員兵のために企画した特別番組『外地引揚同胞激励の午後』に出演した。この番組は浦賀港から中継放送され、川田がスタジオから「里の秋」を歌ったところ、NHKにリクエストの電話が殺到するほどの大きな反響を呼んだ。そして、「里の秋」はその後始まった番組『復員だより』でも主題歌のように使われたという。(29)

このように、「里の秋」が歌われるケースもあったが、その後、「リンゴの唄」の大流行とともに、このような引き揚げ歌を代表する存在となっていったのが「リンゴの唄」だったことは、これまでみてきたとおりである。また、一九四六年（昭和二十一年）には引き揚げ船をテーマにした「かえり船」（作詞：清水みのる、作曲：倉若晴生）も流行している。

しかし、一九四九年（昭和二十四年）以降になると、引き揚げ歌に大きな変化が現れてくる。シベリアからの帰還者の「赤化」現象である。シベリア抑留者の帰還は四六年（昭和二十一年）十二月から開始され始め、舞鶴港に引き揚げ船が入港し、盛んな歓迎を受ける光景がよく知られるようになった。この光景にこれまでにない顕著な変化が現れるようになったのは四九年だった。帰還者たちが「インターナショナル」（作詞：ウジェーヌ・ポティエ、作曲：ピエール・ドジェーテル）や労働歌を合唱するようになったのである。

これは抑留者たちに対して、一九四七、八年（昭和二十二、三年）ごろからソ連が実施し始めた「政治教育」の影響によるものだった。政治教育や民主運動の一環として、抑留者たちに踊りや歌を教え込むということが熱心におこなわれたのである。『戦後強制抑留史』によれば、収容所からナホトカへ向かう引き揚げ列車のなかでも、車座での長時間の学習がおこなわれ、途中駅で停車した際には全員で下車し、円陣を作って「インターナショナル」や「赤旗の歌」(作詞:ジム・コンネル、訳詞:赤松克麿、ドイツ民謡)、闘争歌、スターリン賛歌などの大合唱や踊りが強制されたという。[30]

実際に抑留を経験した元プロ野球巨人軍の水原茂は、「そのうち〝文化の再教育〟をすると言い出した、それは革命歌とおどりであった。朝食後食堂に集まっては一週間つづいた、朝から夜までほとんど休むことなく歌いかつおどらされた」[31]と語っていて、激しい教育ぶりだったことがうかがわれる。

このような政治教育を受けた帰還者たちは、引き揚げ船が舞鶴港に入港した際に労働歌を大合唱して、出迎えた人々を大いに驚かせた。さらに、引き揚げ港から特別列車でそれぞれの地元に向かった際にも、再び労働歌を高唱したという。たとえば一九四九年(昭和二十四年)七月に、引き揚げ列車が品川駅に到着したときも、引き揚げ者の間で突然「労働歌が爆発」「脚をゆすり、コブシをふって労働歌を歌い出す」[32]というようなありさまだったという。

その際に歌われた歌としては、「インターナショナル」や「赤旗の歌」、あるいは労働歌のほか、「異国の丘」(作詞:増田幸治、補作詞:佐伯孝夫、作曲:吉田正)を合唱したり、「君が代」の大合唱が巻き起こったりするケースもあった。[33]

このように、引き揚げや抑留という極限状況下にあって、人々は歌によって自らの思想や心情を表現し、お互いの絆を確かめ合ったことがわかる。終戦後という未曾有の混乱期にあって、歌はそのような強い力をもっていた。そして、その引き揚げ歌という伝統の初期に位置し、その伝統の創出に重要な役割をはたしたのが、「リンゴの唄」だったといえるだろう。

注

（１）「中国新聞」一九四六年一月十八日付
（２）「東京タイムズ」一九四六年二月十七日付
（３）山田風太郎『戦中派焼け跡日記――昭和21年』小学館、二〇〇二年、九六ページ
（４）羽鳥圭亮『十四、五歳の少年が見た空襲・敗戦時代』いちい書房、二〇〇七年、八七―八八ページ
（５）「毎日新聞」一九九三年十二月二十七日付夕刊
（６）「朝日新聞」二〇〇一年四月三十日付
（７）「新愛媛新聞」一九四九年二月二十日付
（８）丸山鐵雄「大衆音楽放送展望」「放送文化」一九四六年六月号、日本放送協会、一一―一三ページ、前掲「希望音楽会とのど自慢」
（９）前掲「希望音楽会とのど自慢」三六ページ
（10）丸山鐵雄「のど自慢を聞く――素人音楽会のスタジオから」、前掲「放送」一九四六年三・四月号、四八―四九ページ
（11）前掲『ラジオの昭和』一七二ページ

(12) 上山敬三『日本の流行歌――歌でつづる大正・昭和』（ハヤカワ・ライブラリー）、早川書房、一九六五年、一五九―一六〇ページ

(13) 丸山鐵雄「歌と世相」「女性改造」一九四八年六月号、改造社、五〇ページ

(14) 前掲『「リンゴの唄」の昭和史』一四四―一四八ページ

(15) 同書一四九―一五〇ページ

(16) 「時事英語研究」一九四七年七月号、研究社出版、二五ページ

(17) 埼玉県平和資料館編『終戦と引揚げ』（特別企画展、展示目録）、埼玉県平和資料館、一九九七年、八ページ

(18) 山田栄三『海軍予備学生――その生活と死闘の記録』鱒書房、一九五六年、二五七―二五八ページ

(19) 日野原重明監修、新老人の会編『歌われたのは軍歌ではなく心の歌――語り残す戦争体験』新日本出版社、二〇一〇年、五四ページ

(20) 前掲『海軍予備学生』二五六ページ

(21) 前掲『歌われたのは軍歌ではなく心の歌』五三ページ

(22) 斎藤茂『この人この歌――昭和の流行歌１００選・おもしろ秘話』廣済堂出版、一九九六年、三二ページ

(23) なかにし礼『翔べ！　わが想いよ』（文春文庫）、文藝春秋、一九九一年、九三―九四ページ

(24) 五木寛之『わが人生の歌がたり――昭和の哀歓』（角川文庫）、角川書店、二〇一一年、一四三―一四五ページ

(25)「朝日新聞」二〇〇一年四月二十日付
(26)「証言・北方領土」「読売新聞」二〇一一年三月九日付
(27)女子学院中学校「祖父母の戦争体験」編集委員会編『15歳が受け継ぐ平和のバトン――祖父母に聞いた235の戦争体験』高文研、二〇〇四年、二三―二六ページ
(28)朝永清之「第四章　引揚げ船の日々」『遥かなる絆――九歳の少年が命懸けで越えた三十八度線』文芸社、二〇〇七年
(29)前掲『童謡は心のふるさと』七五―七七、九八―一〇〇ページ
(30)戦後強制抑留史編纂委員会編『戦後強制抑留史』第四巻、平和祈念事業特別基金、二〇〇五年、一三一―一三二ページ
(31)「読売新聞」一九四九年八月三日付
(32)「読売新聞」一九四九年七月三日付
(33)「読売新聞」一九四九年九月二十四日付、一九五〇年一月二十三日付

参考文献

赤坂憲雄『北のはやり歌』(筑摩選書)、筑摩書房、二〇一三年
朝日新聞学芸部編『戦後芸能史物語』(朝日選書)、朝日新聞社、一九八七年
雨宮昭一『占領と改革』(岩波新書、「シリーズ日本近現代史」第七巻)、岩波書店、二〇〇八年
有坂愛彦「新生のレコード界」「音楽之友」一九四六年一月号、音楽之友社
有山輝雄『占領期メディア史研究——自由と統制・1945年』(ポテンティア叢書)、柏書房、一九九六年
五木寛之『わが人生の歌がたり——昭和の哀歓』(角川文庫)、角川書店、二〇一一年
伊藤強『それはリンゴの唄から始まった——戦後世代の芸能史』駸々堂出版、一九八四年
井上太郎『旧制高校生の東京敗戦日記』(平凡社新書)、平凡社、二〇〇〇年
岩本憲児編『占領下の映画——解放と検閲』(「日本映画史叢書」第十一巻)、森話社、二〇〇九年
歌崎和彦編著『証言——日本洋楽レコード史 戦後篇・一』音楽之友社、二〇〇〇年
太田省一『紅白歌合戦と日本人』(筑摩選書)、筑摩書房、二〇一三年
片岡義男『歌謡曲が聴こえる』(新潮新書)、新潮社、二〇一四年
上山敬三『日本の流行歌——歌でつづる大正・昭和』(ハヤカワ・ライブラリー)、早川書房、一九六五年
鴨下信一『誰も「戦後」を覚えていない』(文春新書)、文藝春秋、二〇〇五年

唐鎌祐祥『かごしま映画館100年史』南日本新聞開発センター、二〇一七年
川田正子『童謡は心のふるさと』東京新聞出版局、二〇〇一年
菊池清麿『流行歌手たちの戦争』光人社、二〇〇七年
倉田喜弘『日本レコード文化史』（岩波現代文庫）、岩波書店、二〇〇六年
合田道人『昭和歌謡の謎――詞と曲に隠された物語』（祥伝社新書）、祥伝社、二〇一八年
恋塚稔『みかんの花咲く丘――川田正子 歌とその時代』東京書籍、一九八四年
埼玉県平和資料館編『終戦と引揚げ』（特別企画展、展示目録）、埼玉県平和資料館、一九九七年
斎藤茂『この人この歌――昭和の流行歌100選・おもしろ秘話』廣済堂出版、一九九六年
早乙女勝元『炎の中のリンゴの歌――東京大空襲・隅田川レクイエム』小学館、一九八八年
阪本博志『『平凡』の時代――1950年代の大衆娯楽雑誌と若者たち』昭和堂、二〇〇八年
佐々木康、佐々木真／佐々木康子監修、円尾敏郎／横山幸則編『楽天楽観映画監督佐々木康』ワイズ出版、二〇〇三年
佐藤邦夫「リンゴの子……並木路子さん」、軽音楽社編「軽音楽」第一巻第二号、軽音楽社、一九四六年十月
佐藤卓己『八月十五日の神話――終戦記念日のメディア学』（ちくま新書）、筑摩書房、二〇〇五年
佐藤忠男『日本映画史2――1941―1959 増補版』岩波書店、二〇〇六年
サトウ・ハチロー「リンゴ余談」「歌謡春秋」一九四六年七月号、歌謡春秋社
サトウ・ハチロー「流行歌謡の作り方」「Song」第一巻第五・六号、同人社出版部、刊行年不明
サトウハチロー『サトウハチロー詩集』（ハルキ文庫）、角川春樹事務所、二〇〇四年

サトウ・ハチローほか「リンゴの唄楽屋話」「平凡」一九四六年五月号、凡人社
島尾敏雄『島尾敏雄日記――『死の棘』までの日々』新潮社、二〇一〇年
清水晶『戦争と映画――戦時中と占領下の日本映画史』社会思想社、一九九四年
女子学院中学校「祖父母の戦争体験」編集委員会編『15歳が受け継ぐ平和のバトン――祖父母に聞いた235の戦争体験』高文研、二〇〇四年
戦後強制抑留史編纂委員会『戦後強制抑留史』第四巻、平和記念事業特別基金、二〇〇五年
高見順『敗戦日記』（中公文庫）、中央公論新社、二〇〇五年
武田康孝「昭和20年の音楽放送検討――『洋楽放送記録』のデータを用いて」、文化資源学会編「文化資源学」第十二号、文化資源学会、二〇一四年
竹山昭子『ラジオの時代――ラジオは茶の間の主役だった』世界思想社、二〇〇二年
田中祐介編『日記文化から近代日本を問う――人々はいかに書き、書かされ、書き遺してきたか』笠間書院、二〇一七年
東谷護『進駐軍クラブから歌謡曲へ――戦後日本ポピュラー音楽の黎明期』みすず書房、二〇〇五年
戸ノ下達也編著『〈戦後〉の音楽文化』青弓社、二〇一六年
朝永清之『遥かなる絆――九歳の少年が命懸けで越えた三十八度線』文芸社、二〇〇七年
永井荷風『断腸亭日乗』第五―六巻、岩波書店、一九八一年
なかにし礼『翔べ！　わが想いよ』（文春文庫）、文藝春秋、一九九一年
なかにし礼『歌謡曲から「昭和」を読む』（ＮＨＫ出版新書）、ＮＨＫ出版、二〇一一年
並木路子「〝リンゴの唄〟を繞って」「放送」一九四六年三・四月号、日本放送文化協会

並木路子「ＳＳＫと「リンゴの唄」」、日本地下鉄協会編「SUBWAY」第五十一号、日本地下鉄協会、一九九八年
並木路子『「リンゴの唄」の昭和史』主婦と生活社、一九八九年
橋本健二『はじまりの戦後日本——激変期をさまよう人々』（河出ブックス）、河出書房新社、二〇一六年
羽鳥圭亮『十四、五歳の少年が見た空襲・敗戦時代』いちい書房、二〇〇七年
半藤一利『隅田川の向う側——私の昭和史』創元社、二〇〇九年
日野原重明監修、新老人の会編『歌われたのは軍歌ではなく心の歌——語り残す戦争体験』新日本出版社、二〇一〇年
平野共余子『天皇と接吻——アメリカ占領下の日本映画検閲』草思社、一九九八年
廣澤榮『私の昭和映画史』（岩波新書）、岩波書店、一九八九年
古川隆久『戦時下の日本映画——人々は国策映画を観たか』吉川弘文館、二〇〇三年
古川ロッパ、滝大作監修『古川ロッパ昭和日記——戦後篇 昭和20年～昭和27年』晶文社、一九八八年
古川ロッパ『古川ロッパ——あちゃらか人生』（人間の記録）、日本図書センター、一九九七年
堀口剛「「街の声」のメディア史——ラジオ『街頭録音』と「街頭の世論」をめぐって」、日本マス・コミュニケーション学会編「マス・コミュニケーション研究」第八十号、二〇一二年、日本マス・コミュニケーション学会
丸山鐵雄「希望音楽会」「音楽知識」一九四五年十一月号、日本音楽雑誌
丸山鐵雄「のど自慢を聞く——素人音楽会のスタジオから」、前掲「放送」一九四六年三・四月号

丸山鐵雄「大衆音楽放送展望」「放送文化」一九四六年六月号、日本放送協会
丸山鐵雄「希望音楽会とのど自慢」「放送」一九四六年六月号、日本放送文化協会
丸山鐵雄「現代大衆作曲家列伝（3）万城目正」「放送」一九四八年一月号、日本放送文化協会
丸山鐵雄「歌と世相」「女性改造」一九四八年六月号、改造社
丸山鐵雄『ラジオの昭和』幻戯書房、二〇一二年
万城目正「流行歌と歌詞――リンゴの歌作曲苦心談」「音楽之友」一九四七年七月号、音楽之友社
『焼跡に流れるリンゴの唄――占領下の日本』（「証言の昭和史」第六巻）、学習研究社、一九八二年
山田栄三『海軍予備学生――その生活と死闘の記録』鱒書房、一九五六年
山田風太郎『戦中派焼け跡日記――昭和21年』小学館、二〇〇二年
山本明「リンゴの唄」「社会保険」一九八一年十一月号、全国社会保険協会連合会
山本武利編者代表、石井仁志／谷川建司／原田健一編『虚脱からの目覚め』（「占領期雑誌資料体系 大衆文化編」第一巻）、岩波書店、二〇〇八年
山本武利『GHQの検閲・諜報・宣伝工作』（岩波現代全書）、岩波書店、二〇一三年
山本武利監修、土屋礼子編『メディア新生活』（「占領期生活世相誌資料」第三巻）、新曜社、二〇一六年
吉見俊哉『「声」の資本主義――電話・ラジオ・蓄音機の社会史』（講談社選書メチエ）、講談社、一九九五年
渡辺清『砕かれた神――ある復員兵の手記 オンデマンド版』（朝日選書）、朝日新聞社、二〇〇三年
NHK「あの日 昭和20年の記憶」取材班編『あの日 昭和20年の記憶――終戦60年企画』下、日本放

送出版協会、二〇〇六年
楽譜『TANGOそよ風の唄』新興音楽出版社、刊行年不明

（無署名雑誌記事一覧）
「並木路子と南京豆」「芸林」一九四六年五月号、芸林閣
「薄幸の歌姫並木路子」「ロマンス」一九四六年六月号、ロマンス社
「「リンゴの歌」盛衰記——並木路子の名を捨てて」「週刊新潮」一九六〇年八月二十二日号、新潮社
「レコード界の噂話」「月刊西日本」一九四六年一月号、西日本新聞社
「レコード界の近況」「ミュージック・ライフ」一九四六年二月号、新興音楽出版社

付録1　『そよかぜ』概要と挿入歌

（この概要は、映画のビデオを見ながら筆者がメモ的に作成したものであり、必ずしもすべてを正確に再現したものではない。また、歌詞が一部聞き取れない部分があり、それについては（不明）とした。）

『そよかぜ』

企画　細谷辰雄
脚本　岩沢庸徳
作詩　サトウ・ハチロー
　　　岸 東助
作曲　仁木他喜雄
　　　浅井挙曄
　　　万城目 正
撮影　寺尾 清
録音　熊谷 宏
美術　本木 勇
照明　豊島良三
振付　花柳啓之
　　　縣 洋二
音楽監督　万城目 正
製作主任　穂積利昌
製作担当　渡辺 大

配役
舟田　上原 謙
横山　佐野周二
平松　斎藤達雄
吉美　高倉 彰
支配人　奈良眞養
事務員　伊東光一
三平　加藤清一
みち　並木路子
桜山幸子　波多美喜子
みちの母　若水絹子
吉美の妻　三浦光子
特別出演
歌手　霧島 昇
二葉あき子

演出　佐々木康

【タイトルバック】と【オープニング】
・音楽映画らしく、ダンスシーンの後に冒頭から、桜山幸子（波多美喜子）がステージで「リンゴの唄」の一番と二番を歌う。

歌①「リンゴの唄」（波多美喜子）
赤いリンゴに唇よせて　だまって見ている　青い空
リンゴは何んにも　いわないけれど　リンゴの気持は　よくわかる
リンゴ可愛や　可愛やリンゴ
あの娘よい子だ　気立てのよい子　リンゴによく似た　可愛いい娘
誰方がいったか　うれしい噂　かるいクシャミも　飛んで出る
リンゴ可愛や　可愛やリンゴ

【宿舎の引っ越し】

・レビュー劇場の楽屋番を務めている母親（若水絹子）とその娘みち（並木路子）は、劇場の楽団員・舟田（上原謙）、横山（佐野周二）、平松（斎藤達雄）の三人とともに、彼らが共同で住む宿舎に引っ越す。
・リヤカーで引っ越しの途中に、知的障害がある三平（加藤清一）が手伝いに加わる。

歌②「そよかぜ」変奏曲（みちが掃除しながら歌い、次いで、楽団員たちがリヤカーを引きながら歌う）
ポプラ並木にそよかぜ吹いて　小鳥さえずる愛の歌
にっこり笑って足並みそろえ　越えて行こうよ野も山も

青春　青春　たたえよ青春

歌③「リンゴの唄」部分（みちが歌い、次いで三平に歌唱指導する）
乙女の希望が光ってる
リンゴ可愛や　可愛やリンゴ

・みちと横山の軽い痴話げんか的なやりとりが続く。
・新しい宿舎の隣家には、同じ楽団員の吉美（高倉彰）が新婚家庭をかまえていて、吉美家で引っ越し祝いの宴が開かれる。

歌④「そよかぜ」変奏曲（舟田のピアノ伴奏でみちが歌う、途中で、みちはステージで歌う姿を夢見る）
春の光のさゆらぎて　緑にけぶる丘の上
こずえを渡るそよかぜに　橋梁の影　梅のどか
ああ千両高殿はるけく（不明）さやけくもきらめきて（不明）のぼりゆく
春の光のゆらめきて　橋梁の影　今日は舞う

【翌朝】

・楽屋で楽団員たちがみちを歌手として登用することを相談する。
・劇場のショーが始まり、みちは照明係を担当する。ショーの演目は次の二つである。
Ａ「歌の花籠　十二集」
歌⑤「宵待草」冒頭部分（二葉あき子）
待てど暮せど　来ぬ人を　宵待ち草のやるせなさ
今宵は月も出ぬものを
歌⑥「そよかぜ」変奏曲（二葉あき子、霧島昇）
淡い紅花こずえの花も　嵐が吹けば散るものを
泣くな浮世の人の子よ
命さびしと港の霧に　つぶやく影よ旅の鳥
どんな夢見て明日は行く
Ｂ「舞踊集　四季の舞暦八景」
・ステージではいろいろな舞踊ショーが続く。
・支配人室で舟田が支配人にみちを歌手として登用してほしいと嘆願するが、支配人は取り合わない。

【夜】

・宿舎で、舟田、横山、平松が相談して、みちをまずはコーラスガールから出発させることに決め、早速みちの歌唱練習をおこなう。

歌⑦「そよかぜ」変奏曲（みち、次いで、ステージで霧島昇、その後みちを含むコーラスガール四人で歌う姿を夢見る）

青い青い今日の空よ　きみを待つは丘の上よ
はるかかなたに見えた影　青い青い今日の空よ
呼べば答え　指を上げて　しろき笑顔　青いソフト
小鳥の歌の喜びよ　きみと我の若さたたえ
青い青い今日の空よ　きみと語る夢見心
揺れる我らに越える船　青い青い今日の空よ

・舟田のピアノで、みちの歌唱練習。

・舞踊シーン

歌⑧「そよかぜ」変奏曲（みちを含む四人）

椿ほろほろ（不明）乙女ごころに

そよかぜが　ヨイヤヨイヤナ　そよかぜが

【みちの母、田舎へ帰る】

・姉のお産のために、みちの母が二、三カ月間、田舎に帰ることになり、みちが宿舎の料理や洗濯を担当する。

・平松が作詞した「そよかぜ」に舟田が作曲を試みる。その夜、舟田は桜山と街を散策する。

【みち、コーラスガールとしてデビュー】

・コーラスガール三人がステージで歌い、その後、みちが独唱し、三平が拍手する。

歌⑨「そよかぜ」変奏曲（コーラスガール三人、次いで並木路子独唱）

月が出た出たあの丘に　今宵こそみんなの好きなメロディー

いざやともに声も高らかに　歌えラララ若い日を

あこがれのあこがれのあの時に　今宵こそ響けよ楽しいリズム

いざやともに（不明）踊れララ（不明）

・楽屋では、コーラスガールたちが舟田と桜山の結婚を噂し、みちも横山との関係をからかわれる。その後、支配人から、しばらく休館して内部を改装する旨の指示がある。
・宿舎でみち、横山、平松が談笑するが、横山がみちをからかって怒らせる。
・舟田、吉美家でピアノを弾く。

【翌朝】
・桜山がリンゴの籠を土産に持ってくる。徹夜で「そよかぜ」の作曲を完成させた舟田がピアノを弾き、桜山が歌う。

歌⑩「そよかぜ」一番（波多美喜子）
　森の木の葉がうなずいた　あれはそよ風たずねたしるし
　そよ風は　そよ風は　やさしい人のささやきか
　いとしい方のなぐさめか

・みちはリンゴを手に外出するが、リンゴを見て田舎を思い出し、母がいる田舎に帰ってしまう。
・一方、舟田と桜山は支配人に面会し、新作の「そよかぜ」を番組に入れてほしい旨を依頼して快諾してもらう。さらに、支配人はみちを抜擢する予定だと明かす。

【リンゴ畑のシーン】

・田舎の家で、みちが母と話す。

・リンゴ畑で収穫のために働く大勢の人々のなかを、みちがリンゴをかじりながら駆けていく。

歌⑪「リンゴの唄」（みち、次いで子どもたち）

赤いリンゴに唇よせて　だまって見ている　青い空
リンゴは何んにも　いわないけれど　リンゴの気持は　よくわかる
リンゴ可愛や　可愛やリンゴ
あの娘よい子だ　気立てのよい子
リンゴによく似た　可愛いい娘（途中まで）
リンゴ畑の香りにむせて　泣けてもくるような　喜びよ
若さに濡れてる　リンゴの瞳　乙女の希望が　光ってる
リンゴ可愛や　可愛やリンゴ
朝の挨拶　夕べの別れ　いとしいリンゴに　ささやけば
言葉は出さずに　小首をまげて　明日も又ねと　夢見顔

リンゴ可愛や　可愛やリンゴ
歌いましょうか　リンゴの唄を　二人で唄えば　なおたのし
みんなで唄えば　なおなお嬉し　リンゴの気持を伝えよか
リンゴ可愛や　可愛やリンゴ

・舟田、横山、平松、吉美の四人が馬車に乗って畑のなかをやってくる。
・みちが歌い、合唱が流れる。みちと横山は畑の土手に座り、みちは一生懸命に歌の勉強をすることを誓う。

【みちのデビュー】【エンディング】
・ステージで桜山、次いで、霧島昇が「そよかぜ」を歌う。

歌⑫「そよかぜ」（桜山、霧島昇）
あけて明るいわが窓に　吹けよそよ風　心の部屋に
そよ風は　そよ風は　はるかに遠い口笛か
いつかの夢で聞いた唄
丘の小路の白い花　今朝もそよ風　迎えて咲いた

そよ風は　そよ風は　明るい春ものせて来る
　しずかな秋もつれて来る

・その後、ステージのスクリーンが左右に開いて、みちが中央階段をゆっくり下りてきて「リンゴの唄」を歌う。霧島、桜山もみちに近寄り、全員で合唱する。

歌⑬「リンゴの唄」（並木路子、次いで霧島昇、波多美喜子、全員で合唱）
あの娘よい子だ　気立のよい子　リンゴによく似た　可愛いい娘
誰方がいったか　うれしい噂　かるいクシャミも飛んで出る
リンゴ可愛や　可愛やリンゴ
朝の挨拶　夕べの別れ　いとしいリンゴに　ささやけば
言葉は出さずに　小首をまげて　明日も又ねと　夢見顔
リンゴ可愛や　可愛やリンゴ
歌いましょうか　リンゴの歌を　二人で唄えば　なおたのし
みんなで唄えば　なおなお嬉し　リンゴの気持を伝えよか
リンゴ可愛や　可愛やリンゴ

付録2　『洋楽放送記録』『放送番組確定表』補遺

本文中で詳しく取り上げられなかった記録をいくつか紹介しよう。

一九四五年（昭和二十年）

①十二月十六日　午後8：30—9：00（『記録』）

『歌と軽音楽』

歌　**並木路子**

日向好子

森山久

1　ビューグルコールラグ

2　花うり娘（**並木**）

3　マリネラ（**並木**）

4　わかって来た（森山）

5　かまわない（日向）

6　思い出（日向）
7　ドミニックボーイズ
8　ロッキー山に春来れば（並木）
9　りんごの歌（並木）
10　ムーンライトソナタ

②十二月二十九日　午後6：00―6：30（『記録』）
『今年の歌』
独唱　波岡惣一郎、近江俊郎、志村道夫、松田トシ、藤原千多歌、大道真弓、坂田真理子
1　姿三四郎
2　天気予報
3　よみがえれ青い草
4　みんなでお掃除
5　そよかぜ（サトウハチロー、仁木他喜雄）
6　**リンゴの歌**（サトウハチロー、万城目正）
7　ころころどんぐり（サトウハチロー、佐々木すぐる）

8　ふるさとの丘
9　別れも愉し
10　愛の泉
11　ぐんぐんのびる
12　歌へ太陽（サトウハチロー、服部正）
（＊並木路子は出演していないが、終戦の年にどんな歌が流行したかがわかるリストである。曲目としては、この年に封切られた映画の主題歌が比較的目につくが、「リンゴの唄」以外はすべて忘れ去られている。また、サトウハチロー作詞の曲が四曲も登場しているのも注目される。）

一九四六年（昭和二十一年）
③二月三日　午後2：00―3：00（『確定表』）
『通信従業員慰安の午後――東京中央電信局より中継』
1　ピアノ独奏　日本名曲集　和田肇
2　落語　早合点　三遊亭円歌
3　新作歌発表　独唱　近江俊郎
松田トシ
大道真弓

伴奏　東京放送管弦楽団

指揮　岡村雅雄

（イ）桃栗三年

（ロ）御苦労さん

（ハ）復興節

4　歌謡曲　**並木路子**

川田正子

伴奏　東京放送管弦楽団

指揮　岡村一

（イ）見てござる（川田）

（ロ）森の子山羊（川田）

（ハ）そよかぜ（**並木**）

（ニ）お使いは自転車に乗って（**並木**）

（ホ）**リンゴの歌**（**並木**、川田）

（ヘ）桃栗三年（全員）

あとがき

「リンゴの唄」に関しては、これまでも膨大な数の体験談や回想が残されてきている。それらを読むと、終戦後の日本人が「リンゴの唄」に対して、実にさまざまな想いを抱いてきたことをあらためて感じさせられた。

空襲におびえた日々が終わったという解放感、食糧不足と買い出しのつらい日々の思い出、外地から引き揚げて祖国に向かうときの不安や安堵感、そういった終戦後の激動の日々の、人それぞれのさまざまな思いと「リンゴの唄」は分かちがたく結び付いている。そして、その結果、「リンゴの唄」はそれらの思いが結晶した歌として、もはや単なる流行歌ではなく、一種特別な歌へと聖別化されていった。

本書で試みたのは、「リンゴの唄」を「焼け跡のＢＧＭ」から焼け跡の主役の一つへと呼び戻し、新たな照明を当てることだった。そのことによって、これまで見えなかった部分がかなり明らかになり、誕生の経緯からメディアを通じての流行過程や歌われ方まで、「リンゴの唄」の全体像がある程度見え始めたのではないだろうか。

本書では終戦後の数年しか扱うことができなかったが、こうして誕生してきた「リンゴの唄」がその後の戦後日本社会のなかでどのように受容され、戦後日本を代表する歌へと形成されていったのかという問題が残っている。しかし、この問題にアプローチするためには、戦後七十年以上にわたるさまざまな言説資料をはじめ、ラジオやテレビ、レコードなどの映像や視聴覚資料の網羅的な調査が必要になる。

それらの調査に基づくことで、「リンゴの唄」のイメージがどのように変化していったのか、戦後の人々が「リンゴの唄」をどのようなものとして受容していったのかを再構成することができる。しかし、これについては本書とはまた別の資料とアプローチ方法が必要であり、他日を期すことにしたい。

その際に、一つの問題意識として、「リンゴの唄」の「神話化」という視点がある。毎年、夏に放送される終戦記念番組では、必ずといっていいほど「リンゴの唄」がバックに流される。このような映像を通じて、「リンゴの唄」が終戦後の日本を象徴する存在として神話化されていったのではないかという問題である。この点に関連して、社会学者の山本明は次のように指摘している。

ずっと後になって、「長かった戦争が終り、町に明るい笑顔がきこえるようになった」というイメージにぴったりのものとして「リンゴの唄」が放送局によって「再発見」されたのではあるまいか。(1)

このような「再発見」の過程を具体的に跡付けるためには、映像資料の網羅的な調査が必要になってくるが、映像資料の調査にはさまざまな制約がともなってくる。

今回、NHKアーカイブスの「番組公開ライブラリー」で並木路子が出演している『思い出のメロディー』などの番組を視聴できた。過去の番組をこのようにして広く視聴できることは非常にありがたい。

ただ、『終戦秘話シリーズ（2）「焼跡にリンゴの唄が流れた」』（一九八〇年八月十九日放送）、『その時歴史が動いた――響け希望の歌声――戦後初の流行歌「リンゴの唄」』（二〇〇六年五月十七日放送）の二本はまさに本書のテーマに直接関係しているのでぜひとも視聴したかったが、権利処理の関係で公開していないということで視聴できなかった。これは法的な問題なのでやむをえないが、このように、保存されてはいるが公開されていない番組が相当数存在することもあって、映像資料の網羅的な調査は現時点ではかなり困難な状況である。

流行歌や歌謡曲は、大衆的な音楽遺産ともいうべき貴重な文化資源である。歌は、書籍をはじめとする活字メディアと同様に、私たちの生活に密着し、勇気を与え、励ましてくれる存在だ。近年でも、震災や災害の際に、歌がどれほど人々の力になったかを私たちは数多く経験してきている。そして、そのモデル的存在となったのが「リンゴの唄」である。

ただ、このように、私たちにとって身近で重要な存在でありながら、流行歌はこれまで調査研究の対象として取り上げられることが少なかった。この点に私は違和感をいだき、ここ十年ほど、流行歌という「飛ぶ歌」の航跡を追跡する旅を続けてきた。

まず、大正初期の「カチューシャの唄」(作詞：島村抱月／相馬御風、作曲：中山晋平)という近代流行歌の誕生に立ち会い(2)、次に、明治中期の「オッペケペー節」へとさかのぼった(3)。そして、今回五十年余りの時空を超えて、終戦後の「リンゴの唄」へとたどり着いた。

この三つの歌はそれぞれ明治・大正・昭和を代表する流行歌だが、それぞれの流行過程はその時代のメディア状況に大きく左右されている。今回の「リンゴの唄」であらためて痛感させられたのは、ラジオの威力である。国民のほとんどが聴き入ったという玉音放送で、当時のラジオが果たした重要性については知っているはずだったが、終戦後のメディア状況、とりわけ新聞が用紙不足のために二ページしかないような情報量の少なさを考えた場合、ラジオの重要性をあらためて再認識させられることになった。

また、明治二十年代と昭和二十年代の対比も興味深い。明治二十年代は大日本帝国憲法が発布され、帝国議会が始まり、日本の近代が本格的に始動した時代であった。他方、昭和二十年代はそうして形成された日本近代が終焉し、新しい日本国憲法が生まれ、新しい民主化日本が立ち上がってくる時代である。

そういう意味では、明治百五十年は、ちょうど折り返し点である昭和二十年代でいったんリセットされて、また再スタートしたといえるかもしれない。明治二十年代から昭和二十年代へ、「オッペケペー節」から「リンゴの唄」へ、本書が近代日本の歩みをあらためて振り返る機会になればと思う。

最後に、ある新聞のコラムの一節を紹介しよう。並木路子が二〇〇一年四月七日に亡くなったときの追悼記事である。

> もし「リンゴの唄」のない戦後だとしたら、どうだったろうか。[4]

「リンゴの唄」がない戦後、それは焼け跡に流れる歌がないモノクロの無音の世界、無残な焼け跡が風雨にさらされたまま私たちに迫ってくるような非常に暗い印象を与える。「リンゴの唄」がない戦後を想像するとき、私たちはあらためて歌がもつ力の再認識を迫られているような気がする。

なお、『洋楽放送記録』と『放送番組確定表』の調査と過去のテレビ番組の視聴に際しては、放送博物館とNHKアーカイブスのお世話になりました。記して感謝します。

本書の刊行に際しては、青弓社の矢野恵二氏に大変お世話になりました。感謝を申し上げます。

注

（1）山本明「リンゴの唄」「社会保険」一九八一年十一月号、全国社会保険協会連合会
（2）永嶺重敏『流行歌の誕生――「カチューシャの唄」とその時代』（歴史文化ライブラリー）、吉川弘文館、二〇一〇年
（3）永嶺重敏『オッペケペー節と明治』（文春新書）、文藝春秋、二〇一八年
（4）「天声人語」「朝日新聞」二〇〇一年四月十日付

［著者略歴］
永嶺重敏（ながみね しげとし）
1955年、鹿児島県生まれ
九州大学文学部卒業、出版文化・大衆文化研究者
日本出版学会、日本マス・コミュニケーション学会、メディア史研究会、日本ポピュラー音楽学会会員
著書に『オッペケペー節と明治』（文藝春秋）、『流行歌の誕生――「カチューシャの唄」とその時代』（吉川弘文館）、『東大生はどんな本を読んできたか――本郷・駒場の読書生活130年』（平凡社）、『怪盗ジゴマと活動写真の時代』（新潮社、内川芳美記念マス・コミュニケーション学会賞）など

「リンゴの唄《うた》」の真実《しんじつ》　戦後初めての流行歌を追う

発行――2018年10月10日　第1刷
定価――2000円＋税
著者――永嶺重敏
発行者――矢野恵二
発行所――株式会社青弓社
〒101-0061 東京都千代田区神田三崎町3-3-4
電話 03-3265-8548（代）
http://www.seikyusha.co.jp
印刷所――三松堂
製本所――三松堂

ISBN978-4-7872-2079-0 C0021
日本音楽著作権協会（出）許諾第1810120-801号